遼寧省第三批珍貴古籍名錄圖錄

第一册

《遼寧省第三批珍貴古籍名錄圖錄》編委會 編

國家圖書館出版社

圖書在版編目（ＣＩＰ）數據

遼寧省第三批珍貴古籍名録圖録：全三册 /《遼寧省第三批珍貴古籍名録圖録》編委會編 . —北京：國家圖書館出版社 , 2019.6

ISBN 978-7-5013-6542-5

Ⅰ . ①遼… Ⅱ . ①遼… Ⅲ . ①古籍—圖書目録—遼寧 Ⅳ . ① Z838

中國版本圖書館 CIP 數據核字 (2018) 第 186980 號

書　　名　遼寧省第三批珍貴古籍名録圖録（全三册）

著　　者　《遼寧省第三批珍貴古籍名録圖録》編委會　編

責任編輯　許海燕　趙媛

出版發行　國家圖書館出版社（北京市西城區文津街 7 號 100034）

　　　　　（原書目文獻出版社　北京圖書館出版社）

　　　　　010-66114536　63802249　nlcpress@nlc.cn（郵購）

網　　址　http://www.nlcpress.com

排　　版　徐新狀

印　　裝　北京中華兒女印刷廠

版次印次　2019 年 6 月第 1 版　2019 年 6 月第 1 次印刷

開　　本　889×1194（毫米）　1/16

印　　張　47.75

書　　號　ISBN 978-7-5013-6542-5

定　　價　800.00 圓

《遼寧省第三批珍貴古籍名録圖録》
工作委員會及編纂委員會

工作委員會

主　任：王筱雯

副主任：杜希林

委　員：于　忠　馬寶傑　馬　驊　王　宇　王振芬

　　　　白文煜　劉寧寧　劉志揚　劉樹春　劉　艷

　　　　莊革發　楊春宇　辛　欣　趙本平　高　萍

　　　　郭繼軍　海鎮淮

編纂委員會

主　編：杜希林

副主編：劉　冰

編　委：婁明輝　谷　毓　王　蕾　盧秀麗　康爾琴

　　　　孫　晶　鄧維維　趙長波　戴立言　薛立静

前　言

　　遼寧地區歷史悠久，文化繁榮。從古至今，在這片土地上不僅留下了無數的歷史遺存，更珍藏了卷帙浩繁的文化典籍。經過幾代人始終不渝的辛勤搜訪和不懈努力，形成了今天遼寧省内 150 萬册的古籍藏書規模，庋藏於省内各公共圖書館、高等院校圖書館、科研和文博單位、檔案館，以及一些寺廟、道觀之中。

　　我省收藏的古籍經史子集齊備，約占現存古籍品種的三分之一以上，在全國各省中居於前列。尤其以文獻質量較高、藏書特色鮮明而爲海内外學人和圖書館界所矚目。例如，宋元版古籍精品琳琅，有一些爲初刻初印，且係海内孤本。在國務院批准頒布的五批《國家珍貴古籍名録》中，在古籍版本中最具影響力的宋元版古籍，我省共入選 79 部；閔凌刻套印版書收藏，可稱海内之最；陶湘《閔板書目》收録明代套色印本 130 種，我省所藏在 120 種以上；殿版書收藏品種全、特色突出，是國内收藏殿版書最豐富的地區之一；羅氏藏書完整豐富，既有宋元佳槧，也多名家抄校；明清小説數量多，品種全，以多有稀見本而聞名；稿本、抄本藏品精良；宋代以前文獻質量上乘；天禄琳琅藏書數量較多，共有 40 餘部，均是世間珍本，文獻價值極高。

　　中華人民共和國成立以來，特別是改革開放以來，我省的古籍保護事業取得了一定的成績。特別是 2007 年以來，省政府辦公廳下發了《關於進一步加强全省古籍保護工作的意見》，啟動了全省性的古籍保護工作，各級文化主管部門和古籍收藏單位按照"保護爲主、搶救第一、合理利用、加强管理"的古籍保護整體方針，積極推進古籍保護工作，在古籍普查、珍貴古籍修復、古籍保護隊伍建設、古籍整理出版、申報和建立珍貴古籍名録等方面取得了顯著的成績。遼寧省圖書館、大連圖書館、瀋陽市圖書館、遼寧大學圖書館、遼寧省博物館、遼寧省檔案館、旅順博物館、瀋陽師範大學圖書館榮膺"全國古籍重點保護單位"稱號。在已經公布的第一至五批《國家珍貴古籍名録》中，我省共有 544 部珍貴古籍入選。2010 年至 2017 年，省政府陸續公布了四批《遼寧省珍貴古籍名録》和遼寧省古籍重點保護單位，評選出 3179 部珍貴古籍和 8 家重點保護單位，推動了古籍分級保護制度的建立，促進了古籍存藏環境的明顯改善，帶動了全省古籍保護工作的全面開展。

　　爲了充分展示"中華古籍保護計劃"實施以來我省的古籍保護工作成果，
2016 年我省編輯出版了《遼寧省第一批珍貴古籍名録圖録》（全四册），共收録
我省 24 家收藏單位的 1013 部古籍。2018 年編輯出版了《遼寧省第二批珍貴古籍
名録圖録》（全四册），收録了我省 19 家收藏單位的 1060 部古籍。今次，我省
又編輯《遼寧省第三批珍貴古籍名録圖録》（全三册），收録我省 13 家收藏單位
的 705 部古籍，是我省古籍保護工作的又一階段性成果。本套《圖録》所收不乏
珍稀善本佳槧，如明萬曆閔齊伋刻三色套印本《三經評注》五卷，羅繼祖題跋明
嘉靖十五年（1536）徐嵩、温秀刻本《潛溪集》八卷等。

　　本套《圖録》的出版既是我省文化建設的一大成果，也是繼承和發揚中華優秀
傳統文化的媒介。文化的延續性在於繼承，文化的包容性在於開放，文化的生命力
在於創新。弘揚中華優秀傳統文化的目的在於在發掘傳統文化的歷史意義和現實價
值的基礎上，推陳出新，使其焕發生機和活力。本套書的出版，在這方面起到了引
導和示範的作用。希望更多的有識之士參與到發掘、研究、宣傳、弘揚遼寧省文化
的行動中來，共同創造遼寧省文化大發展大繁榮更加美好的明天。

編　者

2018 年 12 月

凡　例

一、收録範圍

本圖録收録入選第三批《遼寧省珍貴古籍名録》的古籍 705 部。

二、编排方式

本圖録分爲漢文珍貴古籍和少數民族文字珍貴古籍兩大類。漢文古籍依據版本時期分爲明代和清代兩部分，各時期内根據文獻類型慣常的分類方式分類；少數民族文字古籍根據文獻類型慣常的分類方式分類。

三、著録内容

本圖録著録第三批《遼寧省珍貴古籍名録》序號、題名、責任者、版本、題跋、收藏單位、存卷等，缺項則不録。

四、書影選配

本圖録每種古籍選擇書影一幀，以正文卷端爲主。

五、圖録序號

本圖録序號共五位，係第三批《遼寧省珍貴古籍名録》序號，首位"3"代表第三批。

目　録

遼寧省第三批
珍貴古籍名録

漢文珍貴古籍

明 代

30001 三經評注五卷 （明）閔齊伋輯 明萬曆閔齊伋刻三色套印本 遼寧省圖書館

30002 三經評注五卷 （明）閔齊伋輯 明萬曆閔齊伋刻三色套印本 遼寧省圖書館

30003 周易八卷 （宋）蘇軾傳 王輔嗣論易一卷 （三國魏）王弼撰 明凌氏刻朱墨套印本 遼寧省圖書館

30004 周易十卷上下篇義一卷易圖集録一卷易五贊一卷筮儀一卷 （宋）程頤傳 （宋）朱熹本義 明正統十二年（1447）司禮監刻本（卷三補抄一頁） 遼寧省圖書館

30005 玩易意見二卷 （明）王恕撰 明抄本 大連圖書館

30006 東坡書傳二十卷 （宋）蘇軾撰 明凌濛初刻朱墨套印本 遼寧省圖書館

30007 東坡書傳二十卷 （宋）蘇軾撰 明凌濛初刻朱墨套印本 遼寧省圖書館

30008 考工記通二卷 （明）徐昭慶輯注 明萬曆刻本 大連圖書館

30009 重刊儀禮考註十七卷 （元）吳澄撰 明嘉靖元年（1522）宗文書堂刻本 遼寧省圖書館

30010 禮記八卷 明司禮監刻本 丹東市圖書館

30011 新刊京本禮記纂言三十六卷 （元）吳澄撰 明崇禎二年（1629）張養刻本 大連圖書館

30012 禮樂合編三十卷 （明）黃廣撰 明崇禎六年（1633）玉磬齋刻本 大連圖書館

30013 樂律全書十五種 （明）朱載堉撰 明萬曆鄭藩刻本 大連圖書館

30014 新刊詳增補註東萊先生左氏博議二十五卷 （宋）呂祖謙撰 明正德六年（1511）劉氏安正堂刻本 遼寧省圖書館

30015 春秋左傳十五卷 （明）孫鑛批點 明萬曆四十四年（1616）閔齊伋刻朱墨套印本 遼寧省圖書館

30016 春秋左傳十五卷 （明）孫鑛批點 明萬曆四十四年（1616）閔齊伋刻朱墨套印本 遼寧省圖書館

30017 春秋集註十一卷綱領一卷 （宋）張洽撰 明抄本 遼寧省圖書館

30018 春秋集傳大全三十七卷序論一卷春秋二十國年表一卷諸國興廢說一卷 （明）胡廣等輯 明永樂内府刻本 遼寧省圖書館

30019 春秋通志十二卷 （明）蔡毅中撰 明天啓六年（1626）刻本 大連圖書館

30020 孟子二卷 （宋）蘇洵批點 明萬曆四十五年（1617）閔齊伋刻三色套印本 遼寧省圖書館

30021 大學章句一卷或問一卷中庸章句一卷或問一卷論語集注十卷孟子集注七卷 （宋）朱熹撰 明刻本 遼寧省圖書館

30022 四書參十九卷 （明）李贄撰 （明）楊起元等評 （明）張明憲等參訂 明刻朱墨套印本 遼寧省圖書館

30023 焦氏四書講録十四卷 （明）焦竑撰 明萬曆二十一年（1593）書林鄭望雲刻本 大連圖書館

30024 章子留書六卷 （明）章世純撰 明天啓七年（1627）刻本 大連圖書館

30025 重刻六經圖六卷 （宋）楊甲撰 （宋）毛邦翰補 明萬曆四十三年（1615）刻本 桂馥跋 許瀚批校 大連圖書館

30026 爾雅二卷 （晋）郭璞注 明天啓六年（1626）郎氏堂策檻刻五雅本 陸和九批校題跋 遼寧師範大學圖書館

30027 彙雅前集二十卷 （明）張萱撰 明萬曆三十三年（1605）刻本 大連圖書館

30028 重刊許氏說文解字五音韻譜十二卷 （宋）李燾撰 明萬曆刻本 大連圖書館

30029 說文長箋一百卷首二卷解題一卷六書長箋七卷 （明）趙宧光撰 明崇禎四年（1631）趙均小宛堂刻本 大連圖書館

30030 六書正譌五卷 （元）周伯琦撰 明崇禎七年（1634）胡正言十竹齋刻本 大連圖書館

30031 六書賦音義二十卷首一卷 （明）張士佩撰 明萬曆三十年（1602）刻本 大連圖書館

30032 諧聲指南不分卷 （明）吳元滿撰 明萬曆十二年（1584）刻本 大連圖書館

30033 併音連聲字學集要四卷 （明）陶承學撰 明萬曆二年（1574）周恪刻本 大連圖書館

30034　史記評林一百三十卷　（明）凌稚隆輯校　明萬曆二年至四年（1574-1576）凌稚隆刻本　大連圖書館

30035　史記評林一百三十卷　（明）凌稚隆輯校　明萬曆二年至四年（1574-1576）凌稚隆刻本　遼寧大學圖書館

30036　古史六十卷　（宋）蘇轍撰　明萬曆三十九年（1611）南京國子監刻本　遼寧大學圖書館

30037　前漢書一百卷　（漢）班固撰　（唐）顏師古注　明嘉靖八年至九年（1529-1530）南京國子監刻本　遼寧省圖書館

30038　前漢書一百卷　（漢）班固撰　（唐）顏師古注　明嘉靖八年至九年（1529-1530）南京國子監刻明清遞修本　遼寧省圖書館

30039　後漢書九十卷　（南朝宋）范曄撰　（唐）李賢注　志三十卷　（晉）司馬彪撰　（南朝梁）劉昭注　明嘉靖七年至九年（1528-1530）南京國子監刻本　遼寧省圖書館

30040　季漢書六十卷正論一卷答問一卷　（明）謝陛撰　明末鍾人杰刻本　大連圖書館

30041　晉書一百三十卷　（唐）房玄齡等撰　（唐）何超音義　明吳氏西爽堂刻本　莫楚生跋　遼寧省圖書館

30042　南齊書五十九卷　（南朝梁）蕭子顯撰　明萬曆十六年至十七年（1588-1589）南京國子監刻明清遞修本　大連圖書館

30043　北齊書五十卷　（唐）李百藥撰　明萬曆三十四年（1606）北京國子監刻本　大連圖書館

30044　隋書八十五卷　（唐）魏徵等撰　明崇禎八年（1635）毛氏汲古閣刻本　羅振玉批校　大連圖書館　存八十卷（一至二十六、三十二至八十五）

30045　宋史四百九十六卷目録三卷　（元）脱脱等撰　明成化七年至十六年（1471-1480）朱英刻嘉靖、萬曆南京國子監遞修本　遼寧省圖書館

30046　遼史一百十五卷　（元）脱脱等撰　明嘉靖八年（1529）南京國子監刻本　遼寧省圖書館

30047　金史一百三十五卷目録二卷　（元）脱脱等撰　明嘉靖八年（1529）南京國子監刻本　遼寧省圖書館

30048　資治通鑑綱目五十九卷　（宋）朱熹撰　明成化九年（1473）内府刻本　遼寧省圖書館

30049　資治通鑑綱目五十九卷　（宋）朱熹撰　明嘉靖八年（1529）慎獨齋刻本（卷四十一、五十八抄配）　遼寧省圖書館

30050　資治通鑑綱目發明五十九卷　（元）尹起莘撰　明内府刻本　遼寧省圖書館

30051　續資治通鑑綱目二十七卷　（明）商輅等撰　（明）周禮發明　（明）張時泰廣義　明弘治十七年（1504）慎獨齋刻本　遼寧省圖書館

30052　宋元通鑑一百五十七卷　（明）薛應旂撰　（明）陳仁錫評　明天啓六年（1626）陳仁錫刻本　大連圖書館

30053　通鑑直解二十八卷　（明）張居正撰　明末陳長卿刻本　遼寧大學圖書館

30054　鼎鍥葉太史彙纂玉堂鑑綱七十二卷　（明）葉向高撰　明萬曆三十年（1602）書林熊體忠刻本　遼寧大學圖書館

30055　兩漢紀六十卷　（明）王銍輯　明嘉靖二十七年（1548）黃姬水刻本　遼寧省圖書館

30056　昭代典則二十八卷　（明）黃光升撰　明萬曆二十八年（1600）周曰校萬卷樓刻本　大連圖書館

30057　昭代典則二十八卷　（明）黃光升撰　明萬曆二十八年（1600）周曰校萬卷樓刻本　大連圖書館

30058　皇明史概一百二十一卷　（明）朱國禎輯　明崇禎刻本　遼寧大學圖書館

30059　皇明實録不分卷　明抄本　大連圖書館　存洪武元年一月至三月，洪武二年二月至四月、六月、八月，洪武四年六月至七月、十一月至十二月，洪武五年元月至六月、九月，洪武六年九月至十月、十二月，洪武七年十一月，洪武八年正月至四月，洪武十年九月，洪武十二年三月至十二月，洪武十三年六月，洪武十四年至十六年

30060　大明太祖高皇帝實録二百五十七卷　（明）胡廣等纂修　明抄本　遼寧省圖書館　存十五卷（三十八至四十四、五十九至六十六）

30061　國語九卷　（明）閔齊伋裁注　明萬曆四十七年（1619）閔齊伋刻三色套印本　遼寧省圖書館

30062　國語九卷　（明）閔齊伋裁注　明萬曆四十七年（1619）閔齊伋刻三色套印本　遼寧省圖書館

30063　國語九卷　（明）閔齊伋裁注　明萬曆四十七年（1619）閔齊伋刻三色套印本　遼寧省圖書館

30064 戰國策十卷 （宋）鮑彪校注 （元）吳師道補正
明刻本 遼寧省圖書館

30065 戰國策十二卷 （明）閔齊伋裁注 **元本目録一卷**
明萬曆四十八年（1620）閔齊伋刻三色套印本 遼寧
省圖書館

30066 戰國策四卷 （明）陸樹聲評注 明末刻本（序首頁、
卷四第四十七至五十一頁爲抄配） 大連圖書館

30067 弇山堂別集一百卷 （明）王世貞撰 明萬曆十八年
（1590）金陵刻本 遼寧大學圖書館

30068 御著大狩龍飛録二卷 （明）世宗朱厚熜撰 明嘉靖
十八年（1539）朱厚煜刻本 遼寧省圖書館

30069 皇明寶訓不分卷 明南雲閣抄本 李一氓跋 遼寧省
圖書館

30070 歷代名臣奏議三百五十卷 （明）黃淮 楊士奇等輯
（明）張溥删正 明崇禎東觀閣刻本 大連圖書館

30071 右編補十卷 （明）姚文蔚輯 明萬曆三十九年（1611）
劉伸等刻本 大連圖書館

30072 皇明兩朝疏抄二十卷 （明）賈三近輯 明萬曆十四
年（1586）蔣科等刻本 大連圖書館

30073 皇明留臺奏議二十卷 （明）朱吾弼 李雲鵠等輯
明萬曆三十三年（1605）刻本（卷一抄配） 李生馨跋
大連圖書館

30074 萬曆疏鈔五十七卷 （明）吳亮輯 明萬曆三十七年
（1609）刻本 大連圖書館
存二十七卷（一至六、十九至三十三、四十五至五十）

30075 澦東先生奏議十六卷 （明）張鹵撰 明萬曆二十一
年（1593）刻本 大連圖書館

30076 諫疏四卷 （明）楊天民撰 明天啓刻本 大連圖書館

30077 新鐫增補全像評林古今列女傳八卷 （漢）劉向撰
（明）茅坤補 （明）彭烊評 明萬曆十九年（1591）
三台館刻本 大連圖書館

30078 列女傳十六卷 （漢）劉向撰 （明）汪道昆輯
（明）仇英繪圖 明萬曆刻清乾隆四十四年（1779）
鮑氏知不足齋印本 瀋陽師範大學圖書館

30079 帝鑑圖說不分卷 （明）張居正等撰 明刻本 遼寧
大學圖書館

30080 康濟譜二十五卷 （明）潘游龍撰 明崇禎十三年
（1640）王期升刻本 大連圖書館

30081 焦太史編輯國朝獻徵録一百二十卷 （明）焦竑輯
明萬曆四十四年（1616）徐象橒曼山館刻本 大連圖
書館

30082 本朝京省人物考一百十五卷 （明）過庭訓撰 明天
啓二年（1622）刻本 大連圖書館

30083 晏子春秋六卷 明凌澄初刻朱墨套印本 遼寧省圖書館

30084 受菴功行譜一卷 （明）陳昌積撰 明刻本 遼寧省
圖書館

30085 顧伯子葬紀不分卷 （明）顧祖訓輯 明隆慶三年
（1569）顧氏玄玉齋刻本 遼寧省圖書館

30086 嘉靖十六年浙江鄉試録一卷 明嘉靖刻本 遼寧省圖
書館

30087 十七史詳節二百七十四卷 （宋）呂祖謙輯 明正德
十一年（1516）劉弘毅慎獨齋刻本 安璿題識 遼寧
省圖書館

30088 十七史詳節二百七十三卷 （宋）呂祖謙輯 明嘉靖
四十五年至隆慶四年（1566-1570）陝西布政司刻本
遼寧省圖書館
存二百五十七卷(史記詳解二十卷,西漢書詳解三十卷,
東漢書詳解一至十六、二十五至三十,三國志詳解二
十卷,晋書詳解三十卷,南史詳解二十五卷,北史詳
解二十八卷,隋書詳解二十卷,唐書詳解一至二十六、
三十五至六十,五代史詳解十卷)

30089 諸史品節三十九卷 （明）陳深輯 明萬曆刻本 大
連圖書館

30090 歷代史纂左編一百四十二卷 （明）唐順之輯 明萬
曆三十九年（1611）吳用先等刻本 遼寧省圖書館

30091 歷代史纂左編一百四十二卷 （明）唐順之輯 明萬
曆三十九年（1611）吳用先等刻本 大連圖書館

30092 歷代史纂左編一百四十二卷 （明）唐順之輯 明萬
曆三十九年（1611）吳用先等刻本 大連圖書館

30093 古史談苑三十六卷 （明）錢世揚輯 明萬曆四十三
年（1615）張冑孟刻本 大連圖書館

30094 二十一史論贊三十六卷 （明）沈國元輯 明崇禎十
年（1637）大來堂刻本 遼寧大學圖書館

30095 史記鈔九十一卷 （明）茅坤輯 明泰昌元年（1620）
閔振業刻朱墨套印本 遼寧省圖書館

30096 史記鈔九十一卷 （明）茅坤輯 明泰昌元年（1620）

閔振業刻朱墨套印本　遼寧省圖書館

30097　增定史記纂不分卷　（明）凌稚隆輯　明萬曆刻本
遼寧省圖書館

30098　增定史記纂不分卷　（明）凌稚隆輯　明萬曆刻本
遼寧大學圖書館

30099　史記摘抄六卷補抄二卷　（明）錢鍾義輯　明萬曆刻本
大連圖書館

30100　史記珍抄五卷　（明）張溥輯　明末刻本　大連圖書館

30101　兩漢博文十二卷　（宋）楊侃輯　明嘉靖三十七年
（1558）黃魯曾刻本　遼寧省圖書館

30102　歐陽文忠公五代史抄二十卷　（明）茅坤輯　明刻朱
墨套印本　遼寧省圖書館

30103　歐陽文忠公五代史抄二十卷　（明）茅坤輯　明刻朱
墨套印本　遼寧省圖書館

30104　[天啓]同州志十八卷　（明）張一英　馬朴纂修　明
天啓刻本　大連圖書館

30105　[萬曆]韓城縣志八卷　（明）蘇進　張士佩纂修　明
萬曆三十五年（1607）刻天啓三年（1623）增修本
大連圖書館

30106　[隆慶]華州志二十四卷　（明）李可久　張光孝纂修
明萬曆八年（1580）刻二十五年（1597）增修本
大連圖書館

30107　[萬曆]紹興府志五十卷　（明）蕭良幹　張元忭等纂修
明萬曆刻公文紙印本　羅振玉跋　遼寧省圖書館

30108　帝京景物畧八卷　（明）劉侗　于奕正撰　明崇禎刻本
大連圖書館

30109　帝京景物畧八卷　（明）劉侗　于奕正撰　明崇禎刻本
遼寧大學圖書館

30110　帝京景物畧八卷　（明）劉侗　于奕正撰　明崇禎刻本
嚴啓豐題識　大連圖書館
存四卷（一至四）

30111　籌海圖編十三卷　（明）胡宗憲撰　明天啓四年（1624）
胡維極刻本　大連圖書館

30112　籌海圖編十三卷　（明）胡宗憲撰　明天啓四年（1624）
胡維極刻本　遼寧大學圖書館

30113　岱史十八卷　（明）查志隆撰　（清）張緒彦輯　明
萬曆十五年（1587）戴相堯刻清順治、康熙增修本
大連圖書館

30114　武夷山志十九卷　（明）衷仲孺撰　明崇禎十六年
（1643）刻本　大連圖書館

30115　水經注四十卷　（北魏）酈道元撰　明萬曆十三年
（1585）吳琯刻本　汪龍津題記　遼寧省圖書館

30116　實政録十卷　（明）吕坤撰　明萬曆四十六年（1618）
傅淑訓刻本　大連圖書館

30117　通典二百卷　（唐）杜佑撰　明刻本（卷一至三抄
配）　錦州市圖書館

30118　文獻通考三百四十八卷　（元）馬端臨撰　明嘉靖三
年（1524）司禮監刻本（有抄配）　遼寧省圖書館

30119　文獻通考三百四十八卷首一卷　（元）馬端臨撰　明
嘉靖馮天馭刻本　遼寧省圖書館

30120　皇明制書二十卷　明萬曆七年（1579）張鹵刻本（卷
三至五、十一、十四、十九抄配）　大連圖書館

30121　國朝典彙二百卷　（明）徐學聚撰　明天啓四年（1624）
徐與參刻本（卷一、三十三至六十三、一百五十、一
百九十六至二百抄配，卷五十六缺首二頁）　大連圖
書館

30122　皇明經世實用編二十八卷首一卷　（明）馮應京
輯　明萬曆三十一年（1603）刻本　大連圖書館

30123　謚法通考十八卷　（明）王圻撰　明萬曆二十四年
（1596）刻本　大連圖書館

30124　地水師四卷　（明）潘鳳梧撰　明萬曆刻本　汪良選
題識　大連圖書館

30125　菉竹堂書目不分卷　（明）葉盛編　明崇禎七年（1634）
葉國華抄本　葉國華題識　遼寧省圖書館

30126　泊如齋重修宣和博古圖録三十卷　（宋）王黼等撰
明萬曆十六年（1588）泊如齋刻本　遼寧大學圖書館

30127　史通二十卷　（唐）劉知幾撰　（明）李維禎評
（明）郭孔延評釋　明刻本（序首頁抄配）　大連圖
書館

30128　東萊先生音註唐鑑二十四卷　（宋）范祖禹撰
（宋）吕祖謙注　明刻本　遼寧大學圖書館

30129　重刻增改標題音註歷朝捷録大成四卷　（明）顧充撰
（明）顧憲成音釋　明萬曆十二年（1584）舒用中刻本
大連圖書館

30130　讀史漫録十四卷　（明）于慎行撰　明萬曆四十二年
（1614）于緯刻本　遼寧大學圖書館

30131 新刊陳眉公先生精選古今人物論三十六卷 （明）陳
繼儒輯 明萬曆刻本 大連圖書館

30132 六子書六十卷 （明）顧春輯 明嘉靖十二年（1533）
吳郡顧春世德堂刻本 遼寧省圖書館

30133 呂氏春秋二十六卷 題（宋）陸游評 （明）凌稚隆批
明萬曆四十八年（1620）凌毓柟刻套印本 遼寧省圖
書館

30134 新書十卷 （漢）賈誼撰 （明）錢震瀧閱 明萬曆
二十年（1592）刻本 遼寧大學圖書館

30135 河南程氏遺書二十五卷附録一卷外書十二卷 （宋）
程顥 程頤撰 （明）閭禹錫輯 明成化十二年（1476）
段堅刻本 遼寧省圖書館

30136 群書歸正集十卷 （明）林喦撰 明萬曆十九年（1591）
刻本 大連圖書館

30137 沈公家政二卷 （明）沈鯉撰 明萬曆三十年（1602）
刻本 大連圖書館

30138 兵垣四編六卷附九邊圖論一卷防海圖論一卷 （明）
湯顯祖輯評 （明）閔暎張等參閱 明天啓元年（1621）
閔氏刻朱墨套印本 遼寧省圖書館

30139 海防圖論 （明）胡宗憲撰 明天啓元年（1621）刻
朱墨套印本 大連圖書館

30140 唐荊川先生纂輯武編十二卷 （明）唐順之撰 明萬
曆四十六年（1618）徐象橒曼山館刻重修本 大連圖
書館

30141 登壇必究四十卷 （明）王鳴鶴輯 明萬曆二十七年
（1599）刻本 大連圖書館

30142 韓子迂評二十卷 題（明）門無子撰 明凌氏刻朱墨
套印本 遼寧省圖書館

30143 重修政和經史證類備用本草三十卷 （宋）唐慎微撰
（宋）寇宗奭衍義 明隆慶三年（1569）刻本 遼寧
省圖書館
存二十八卷（一至七、十至三十）

30144 本草綱目五十二卷首一卷附奇經八脈考一卷瀕湖脈學
一卷脈訣考證一卷 （明）李時珍撰 明萬曆三十一
年（1603）刻本 大連圖書館

30145 新刊仁齋直指附遺方論二十六卷小兒附方論五卷醫脉
真經二卷傷寒類書活人總括七卷 （宋）楊士瀛撰
（明）朱崇正補遺 明末書林熊咸初刻本 羅振玉

跋 丹波元簡、澀江全善題記 遼寧省圖書館

30146 元敫氏傷寒金鏡錄不分卷 （元）杜本撰 明嘉靖三
十八年（1559）馬崇儒刻本 遼寧中醫藥大學圖書館

30147 新鐫陶節菴家藏傷寒六書六卷 （明）陶華撰 明武
林何景道刻本 大連圖書館

30148 陶節菴全生集四卷 （明）陶華撰 明萬曆四十三年
（1615）刻本 大連圖書館

30149 醫說十卷 （宋）張杲撰 明嘉靖二十三年（1544）
顧定芳刻本 遼寧中醫藥大學圖書館

30150 急救良方二卷 （明）張時徹輯 明隆慶三年（1569）
朱厚熵刻本 遼寧省圖書館

30151 攝生眾妙方十一卷 （明）張時徹撰 （明）朱厚熵補
明隆慶三年（1569）朱厚熵刻本 遼寧省圖書館

30152 赤水玄珠三十卷醫案五卷醫旨緒餘二卷 （明）孫一
奎撰 明萬曆二十四年（1596）刻本 大連圖書館
存十七卷（五至十、十三至十四、二十九至三十，醫
案五卷，醫旨緒餘二卷）

30153 新刊明目良方二卷首一卷 （明）不著撰者 明萬曆
二十八年（1600）樹德堂刻本 大連圖書館

30154 萬氏家傳廣嗣紀要十六卷 （明）萬全撰 明萬曆二
十四年（1596）刻本 大連圖書館

30155 濟陰綱目五卷 （明）武之望撰 明萬曆四十八年
（1620）刻本 遼寧中醫藥大學圖書館

30156 嬰童百問十卷產寶百問五卷 （明）魯伯嗣 王肯堂訂
明三槐堂刻本 遼寧中醫藥大學圖書館

30157 大明天元玉曆祥異圖說七卷 （明）余文龍撰 明萬
曆刻本 遼寧大學圖書館

30158 三命通會十二卷 （明）萬民英撰 明萬曆六年（1578）
刻本 大連圖書館

30159 諏擇曆眼十二卷 （明）黃汝和撰 明天啓三年（1623）
刻本 大連圖書館

30160 重修正文對音捷要真傳琴譜大全十卷 （明）楊表正撰
明萬曆十三年（1585）積秀堂刻本 大連圖書館

30161 琴譜合璧二種 （明）楊掄輯 明萬曆三十七年（1609）
李嘉遇刻本 遼寧大學圖書館

30162 玄玄棋經不分卷 （宋）張擬撰 明末刻本 大連圖
書館

30163 方氏墨譜六卷 （明）方于魯撰 明萬曆二十四年

（1596）美蔭堂刻本　大連圖書館

30164　**淮南鴻烈解二十一卷**　（漢）劉安撰　（明）茅坤　茅一桂輯評　明萬曆二十八年至崇禎十七年（1600-1644）刻朱墨套印本　遼寧省圖書館

30165　**白虎通德論二卷**　（漢）班固撰　（明）楊祐校　明萬曆十年（1582）胡維新刻兩京遺編本　唐翰題記　遼寧省圖書館

30166　**箋譚四卷**　（明）徐學聚撰　明萬曆三十七年（1609）刻本　大連圖書館

30167　**五雜組十六卷**　（明）謝肇淛撰　明萬曆四十四年（1616）如韋館刻本　朱錫庚題識　大連圖書館

30168　**世說新語八卷**　（南朝宋）劉義慶撰　（南朝梁）劉孝標注　（宋）劉辰翁　劉應登　（明）王世懋評　明凌瀛初刻四色套印本　遼寧省圖書館

30169　**世說新語八卷**　（南朝宋）劉義慶撰　（南朝梁）劉孝標注　（明）黃之寀校　明吳中珩、黃之寀校刻本　大連圖書館

30170　**世說新語補二十卷**　（明）何良俊撰　明萬曆十三年（1585）刻本　大連圖書館

30171　**唐世說新語十三卷**　（唐）劉肅撰　（明）王世貞校　明萬曆三十一年（1603）潘玄度刻本　遼寧大學圖書館

30172　**桯史十五卷**　（宋）岳珂撰　明刻本　遼寧大學圖書館

30173　**學范二卷**　（明）趙古則輯　明末興賢堂刻本　大連圖書館

30174　**百家類纂四十卷**　（明）沈津輯　明萬曆七年（1579）含山縣儒學刻本　大連圖書館

30175　**玄覽八卷**　（明）朱謀㙔撰　明萬曆二十二年（1594）刻本　大連圖書館

30176　**古今書抄三十二卷**　（明）袁宏道輯　明萬曆四十年（1612）惇德堂刻本　大連圖書館

30177　**經世奇謀八卷**　（明）俞琳撰　明萬曆四十四年（1616）孟楠、柴寅賓刻本　大連圖書館

30178　**山海經十八卷**　（晋）郭璞注　明萬曆金陵刻本　大連圖書館

30179　**玉芝堂談薈三十六卷**　（明）徐應秋輯　明崇禎徐應秋刻本　遼寧大學圖書館

30180　**林子三教正宗統論九十種**　（明）林兆恩撰　（明）盧文輝輯　明萬曆二十八年（1600）刻本　大連圖書館

30181　**情史類略二十四卷**　（明）馮夢龍輯　明末東溪堂刻本　大連圖書館

30182　**山中一夕話二集十四卷**　題（明）李贄輯　明梅墅石渠閣刻本　大連圖書館

30183　**捧腹編十卷**　（明）許白昌輯　明萬曆刻本　大連圖書館

30184　**虞初志八卷**　（明）湯顯祖評　**續虞初志四卷**（明）湯顯祖輯　明末刻本　大連圖書館

30185　**新刻京臺公餘勝覽國色天香十卷**　（明）吳敬所輯　明末光齋堂刻本　大連圖書館

30186　**草閒堂新編五鳳吟二十回**　（明）嗤嗤道人撰　（明）蘇潭道人評　明刻本　大連圖書館

30187　**平妖傳四十回**　（明）羅貫中撰　（明）馮夢龍補　明萬曆映旭齋刻本　大連圖書館

30188　**鼎鐫國朝名公神斷詳刑公案八卷**　題（明）京南歸正寧靜子輯　明萬曆刻本　大連圖書館

30189　**艷異編五十一卷**　題（明）王世貞輯　明天啓讀書坊刻本　大連圖書館

30190　**藝文類聚一百卷**　（唐）歐陽詢撰　明嘉靖六年至七年（1527-1528）胡纘宗、陸采刻本（首冊目録序文抄補十六頁，卷七十三、八十一各抄補一頁，卷九十六至一百抄補五十一頁）　遼寧省圖書館

30191　**初學記三十卷**　（唐）徐堅等輯　明萬曆十五年（1587）徐守銘刻本　遼寧省圖書館

30192　**初學記三十卷**　（唐）徐堅等輯　明萬曆二十六年（1598）刻本　大連圖書館

30193　**唐宋白孔六帖一百卷目録二卷**　（唐）白居易撰　（宋）孔傳輯　明刻本　遼寧省圖書館

30194　**太平御覽一千卷目録十五卷**　（宋）李昉等輯　明萬曆二年（1574）周堂銅活字印本　大連圖書館

30195　**册府元龜一千卷**　（宋）王欽若等輯　明抄本　大連圖書館

30196　**册府元龜一千卷**　（宋）王欽若等輯　明崇禎十五年（1642）黃國琦刻本　大連圖書館

30197　**海録碎事二十二卷**　（宋）葉廷珪輯　明萬曆二十七年（1599）刻本　大連圖書館

30198　**新編古今事文類聚前集六十卷後集五十卷續集二十八卷別集三十二卷外集十五卷新集三十六卷遺集十五卷**

（宋）祝穆撰　（元）富大用　祝淵輯　明萬曆三十二年（1604）德壽堂刻本　大連圖書館

30199　群書考索前集六十六卷後集六十五卷續集五十六卷別集二十五卷　（宋）章如愚輯　明正德三年至十三年（1508-1518）劉洪慎獨書齋刻本（卷二十九至三十五抄補）　遼寧省圖書館

30200　新鍥簪纓必用增補秘笈新書十三卷別集三卷　（明）吳道南撰　明萬曆三十六年（1608）刻本　大連圖書館

30201　新編事文類聚翰墨大全甲集十二卷乙集九卷丙集五卷丁集五卷戊集五卷己集七卷庚集二十四卷辛集十卷壬集十二卷癸集十一卷後甲集八卷後乙集三卷後丙集六卷後丁集八卷後戊集九卷　（元）劉應李輯　明刻本　大連圖書館

30202　聯新事備詩學大成三十卷　（元）林楨輯　明内府刻本　遼寧省圖書館

30203　原始祕書十卷　（明）朱權輯　明萬曆二十三年（1595）萬卷樓刻本　大連圖書館

30204　楮記室十五卷　（明）潘塤輯　明潘蔓刻本　遼寧省圖書館

30205　名物類考四卷　（明）耿隨朝撰　明萬曆四十年（1612）刻本　大連圖書館

30206　古今萬姓統譜一百四十卷歷代帝王姓系統譜六卷氏族博考十四卷　（明）凌迪知輯　明萬曆刻本　大連圖書館

30207　類雋三十卷　（明）鄭若庸撰　明萬曆六年（1578）汪珙刻本　大連圖書館

30208　圖書編一百二十七卷　（明）章潢輯　明崇禎孫良富刻本　大連圖書館

30209　經濟類編一百卷　（明）馮琦輯　明萬曆三十二年（1604）刻本　大連圖書館

30210　卓氏藻林八卷　（明）卓明卿輯　（明）王世懋校正　明萬曆八年（1580）妙香室刻本　遼寧大學圖書館

30211　奇姓通十四卷　（明）夏樹芳撰　明天啓四年（1624）宛委堂刻本　大連圖書館

30212　山堂肆考二百四十卷　（明）彭大翼撰　明萬曆二十五年（1597）刻本　大連圖書館

30213　唐類函二百卷　（明）俞安期輯　明萬曆三十一年（1603）德聚堂刻本　大連圖書館

30214　劉氏類山十卷　（明）劉胤昌撰　明萬曆三十三年（1605）刻本　大連圖書館

30215　客窗餘録詩林玉屑二十二卷　（明）王光裕輯（明）孫履恒　羅秀士注　明刻本　大連圖書館　存十四卷（一至四、七至十六）

30216　劉氏鴻書一百八卷　（明）劉仲達輯　明萬曆刻本　大連圖書館

30217　精選黃眉故事十卷　（明）鄧志謨輯　明萬曆四十四年（1616）刻本　大連圖書館

30218　八編類纂二百八十五卷　（明）陳仁錫輯評　明天啓刻本　大連圖書館

30219　潛確居類書一百二十卷　（明）陳仁錫輯　明崇禎映雪草堂刻本　大連圖書館

30220　羣書典彙十四卷　（明）黃道周輯　明崇禎十六年（1643）敦古齋刻本　大連圖書館

30221　庶物異名疏三十卷　（明）陳懋仁撰　明崇禎刻本　大連圖書館

30222　新刊劉翰林家傳科塲急用表學龍門獻捷六卷判學龍門獻捷一卷　（明）劉曰寧輯　明萬曆刻本　大連圖書館

30223　弘明集十四卷　（南朝梁）釋僧祐輯　廣弘明集三十卷　（唐）釋道宣輯　明萬曆十四年（1586）刻本　大連圖書館

30224　釋鑑稽古略四卷　（元）釋覺岸撰　續集三卷　（明）釋大聞輯　明崇禎十一年（1638）刻本　大連圖書館

30225　五燈會元二十卷　（宋）釋普濟撰　明成化十一年（1475）刻本　遼寧省圖書館

30226　浄土資糧全集六卷　（明）莊廣還撰　明萬曆二十八年（1600）刻本　大連圖書館

30227　新鍥抱朴子内篇四卷外篇四卷　（晋）葛洪撰（明）慎懋官校　明萬曆十二年（1584）刻本　大連圖書館

30228　眞誥二十卷　（南朝梁）陶弘景撰　明萬曆二十八年（1600）刻本　大連圖書館

30229　月旦堂新鐫繡像列仙傳四卷　（明）洪應明輯　明末刻本　大連圖書館

30230　文字會寶不分卷　（明）朱文治輯　明萬曆三十六年

（1608）刻本　大連圖書館

30231　大佛頂如來密因修證了義諸菩薩萬行首楞嚴經合論
十卷　（宋）釋德洪撰　明萬曆十七年（1589）刻徑
山藏本　大連圖書館

30232　楚辭疏十九卷讀楚辭語一卷楚辭雜論一卷　（明）陸
時雍撰　屈原傳一卷　（漢）司馬遷撰　明末緝柳齋
刻本　遼寧大學圖書館

30233　陳後主集一卷　（南朝陳）後主陳叔寶撰　（明）張
溥編　明婁東張氏刻漢魏六朝百三家集公文紙印本
遼寧省圖書館

30234　唐駱先生集八卷　（唐）駱賓王撰　（明）王衡等評
釋　附録一卷　明凌毓枬刻朱墨套印本　遼寧省圖書館

30235　唐駱先生集八卷　（唐）駱賓王撰　（明）王衡等評釋
附録一卷　明凌毓枬刻朱墨套印本　遼寧省圖書館

30236　唐丞相曲江張先生文集二十卷　（唐）張九齡撰　明
嘉靖十五年（1536）湛若水刻本　遼寧省圖書館

30237　分類補註李太白詩二十五卷　（唐）李白撰　（宋）
楊齊賢集注　（元）蕭士贇補注　分類編次李太白文
五卷　（唐）李白撰　明嘉靖二十二年（1543）郭雲
鵬寶善堂刻本（卷二末補抄小字二行，卷六末補抄小
字半頁，卷二十四補抄半頁）　遼寧省圖書館

30238　集千家註杜工部詩集二十卷文集二卷　（唐）杜甫撰
（宋）黃鶴補注　附録一卷　明嘉靖十五年（1536）
玉几山人刻本　遼寧省圖書館

30239　朱文公校昌黎先生文集四十卷外集十卷集傳一卷遺文
一卷　（唐）韓愈撰　明嘉靖應鳴鳳刻本　遼寧省圖
書館

30240　柳文七卷　（唐）柳宗元撰　（明）茅坤評　明刻朱
墨套印本　遼寧省圖書館

30241　孟東野詩集十卷　（唐）孟郊撰　（宋）國材　劉辰
翁評　明凌濛初刻朱墨套印本　遼寧省圖書館

30242　唐盧戶部詩集十卷　（唐）盧綸撰　（明）蔣孝編
明嘉靖二十九年（1550）武進蔣孝刻中唐十二家詩集
本　遼寧省圖書館

30243　司馬溫公文集八十二卷　（宋）司馬光撰　明崇禎元
年（1628）吳時亮刻清康熙四十七年（1708）蔣起龍
補刻本　遼寧省圖書館

30244　南豐先生元豐類藁五十卷　（宋）曾鞏撰　續附一卷

30245　伊川擊壤集二十卷　（宋）邵雍撰　明末文靖書院刻本
遼寧省圖書館

30246　歐陽文忠公集一百五十三卷　（宋）歐陽修撰　附録
五卷　明隆慶五年（1571）邵廉刻本　遼寧省圖書館

30247　歐陽文忠公文抄十卷　（宋）歐陽修撰　（明）茅坤評
明刻朱墨套印本　遼寧省圖書館

30248　歐陽文忠公文抄十卷　（宋）歐陽修撰　（明）茅坤評
明刻朱墨套印本　遼寧省圖書館

30249　蘇老泉文集十三卷　（宋）蘇洵撰　（明）茅坤　焦
竑等評　明凌濛初刻朱墨套印本　遼寧省圖書館

30250　臨川先生文集一百卷目録二卷　（宋）王安石撰　明
嘉靖三十九年（1560）何遷刻本　遼寧省圖書館

30251　東坡先生詩集註三十二卷　（宋）蘇軾撰　題（宋）
王十朋纂集　（明）茅維芟閲　明末刻本　瀋陽師範
大學圖書館

30252　蘇長公表五卷　（宋）蘇軾撰　（明）李贄等評　明
凌濛初刻朱墨套印本　遼寧省圖書館

30253　東坡禪喜集十四卷　（宋）蘇軾撰　（明）馮夢禎批點
（明）凌濛初輯　明天啓元年（1621）凌濛初刻朱墨
套印本　遼寧省圖書館

30254　蘇長公合作八卷補二卷　（宋）蘇軾撰　（明）鄭圭輯
附録一卷　明萬曆四十八年（1620）凌啓康刻三色套
印本　遼寧省圖書館

30255　蘇文六卷　（宋）蘇軾撰　（明）茅坤等評　明閔爾
容刻三色套印本　遼寧省圖書館

30256　蘇文忠公策選十二卷　（宋）蘇軾撰　（明）茅坤
鍾惺批評　明天啓元年（1621）刻三色套印本　遼寧
省圖書館

30257　蘇文忠公策選十二卷　（宋）蘇軾撰　（明）茅坤
鍾惺批評　明天啓元年（1621）刻三色套印本　遼寧
省圖書館

30258　蘇長公小品四卷　（宋）蘇軾撰　（明）王納諫輯并評
明凌啓康刻朱墨套印本　遼寧省圖書館

30259　蘇長公小品四卷　（宋）蘇軾撰　（明）王納諫輯并評
明凌啓康刻朱墨套印本　遼寧省圖書館

30260　蘇長公密語十六卷首一卷　（宋）蘇軾撰　（明）李
一公輯　明天啓四年（1624）刻朱墨套印本　遼寧省

圖書館

30261 青社黃先生伐檀集二卷 （宋）黃庶撰 明弘治十八年（1505）葉天爵刻像章黃先生文集嘉靖六年（1527）喬遷、余載仕重修本 遼寧省圖書館

30262 淮海集四十卷後集六卷長短句三卷 （宋）秦觀撰 （明）徐渭評 詩餘一卷 （宋）秦觀撰 （明）鄧漢章輯 明末段之錦刻本 遼寧大學圖書館

30263 屏山集二十卷 （宋）劉子翬撰 明弘治十七年（1504）刻本 章綬銜題識 遼寧省圖書館

30264 梅溪先生廷試策一卷奏議四卷文集二十卷後集二十九卷 （宋）王十朋撰 附録一卷 明正統五年（1440）劉謙、何澗刻天順六年（1462）重修本 遼寧省圖書館

30265 梅溪先生廷試策一卷奏議四卷文集二十卷後集二十九卷 （宋）王十朋撰 附録一卷 明正統五年（1440）劉謙、何澗刻天順六年（1462）重修本 遼寧大學圖書館

30266 會稽三賦四卷 （宋）王十朋撰 （明）南逢吉注 （明）尹壇補注 （明）陶望齡評 明天啓元年（1621）凌弘憲刻朱墨套印本 遼寧省圖書館

30267 象山先生文集二十八卷外集四卷 （宋）陸九淵撰 行狀一卷 （宋）楊簡撰 謚義一卷 （宋）孔煒撰 語録四卷 （宋）傅子雲 嚴松等輯 明正德十六年（1521）李茂元刻本 遼寧省圖書館

30268 南軒文集節要八卷 （宋）張栻撰 （明）聶豹輯 明嘉靖十年（1531）聶豹刻本 大連圖書館

30269 箋釋梅亭先生四六標準四十卷 （宋）李劉撰 （明）孫雲翼箋 明萬曆四十四年（1616）刻本 遼寧大學圖書館

30270 秋崖先生小藁四十五卷 （宋）方岳撰 明嘉靖五年（1526）方謙刻本 遼寧省圖書館

30271 青陽先生文集九卷 （元）余闕撰 附録二卷 明刻本 遼寧省圖書館

30272 潛溪集八卷 （明）宋濂撰 附録一卷 明嘉靖十五年（1536）徐嵩、溫秀刻本 羅繼祖題跋 遼寧省圖書館 存四卷（一至四）

30273 空同詩選一卷 （明）李夢陽撰 （明）楊慎評 明閔齊伋刻朱墨套印本 遼寧省圖書館

30274 重刻渼陂王太史先生全集二十七卷 （明）王九思撰 明嘉靖十二年（1533）山西王獻等刻二十四年（1545）翁萬達刻三十年（1551）宋廷琦刻崇禎十三年（1640）張宗孟重修本 遼寧省圖書館

30275 大復集三十七卷 （明）何景明撰 明嘉靖三十四年（1555）袁璨刻本（有抄補三頁） 遼寧省圖書館

30276 居庸別編四卷 （明）顧存仁撰 明隆慶刻東白草堂集本 遼寧省圖書館

30277 湛甘泉先生文集三十五卷 （明）湛若水撰 明萬曆七年（1579）吳瀹刻本 大連圖書館

30278 鳥鼠山人小集十六卷後集二卷 （明）胡纘宗撰 明嘉靖孫懋等刻路世龍等重修本 遼寧省圖書館

30279 東廓鄒先生文集十二卷 （明）鄒守益撰 明隆慶六年（1572）邵廉刻本 遼寧省圖書館

30280 梓溪文鈔内集八卷外集十卷 （明）舒芬撰 明萬曆四十八年（1620）舒瑮刻本 遼寧省圖書館

30281 遵巖先生文集四十卷目録一卷 （明）王慎中撰 明隆慶五年（1571）邵廉刻本 周昌樞跋 遼寧大學圖書館

30282 念菴羅先生集十三卷 （明）羅洪先撰 明嘉靖四十三年（1564）甄津刻本 遼寧省圖書館

30283 弇州山人四部稿一百七十四卷目録十二卷 （明）王世貞撰 明萬曆五年（1577）王氏世經堂刻本 遼寧省圖書館

30284 弇州山人四部稿一百七十四卷目録十二卷 （明）王世貞撰 明萬曆五年（1577）王氏世經堂刻本 遼寧大學圖書館

30285 弇州山人四部稿選十六卷 （明）王世貞撰 （明）沈一貫輯 明刻本 遼寧大學圖書館

30286 天目先生集二十一卷 （明）徐中行撰 明萬曆十二年（1584）張佳胤刻本 大連圖書館

30287 李氏焚書六卷 （明）李贄撰 明刻朱墨套印本 遼寧省圖書館

30288 天啓聖德中興頌一卷 （明）朱拱榣撰 明嘉靖十六年（1537）朱拱榣刻本 遼寧省圖書館

30289 來禽館集二十八卷 （明）邢侗撰 明崇禎十年（1637）版築居刻本 遼寧大學圖書館

30290 東越証學録十六卷 （明）周汝登撰 明萬曆刻本

遼寧大學圖書館

30291 鄒南皐集選七卷 （明）鄒元標撰 明萬曆三十五年
（1607）余懋衡刻本 大連圖書館

30292 玉茗堂全集四十六卷 （明）湯顯祖撰 明天啓刻本
大連圖書館

30293 玉茗堂全集四十六卷 （明）湯顯祖撰 明天啓刻本
遼寧大學圖書館

30294 藏密齋集二十五卷 （明）魏大中撰 明崇禎刻本（卷
一至三係抄配） 大連圖書館

30295 煙霞外集一卷 （明）范汝植撰 明崇禎刻本 大連
圖書館

30296 牧齋初學集一百十卷目録二卷 （明）錢謙益撰 明
崇禎十六年（1643）瞿式耜刻本 遼寧省圖書館

30297 陶韋合集二十卷 明萬曆凌濛初刻朱墨套印本 遼寧
省圖書館

30298 陶韋合集二十卷 明凌濛初刻朱墨套印本 遼寧省圖
書館

30299 三家宮詞三卷 （明）毛晉編 明天啓五年（1625）
毛氏緑君亭刻本 瀋陽故宮博物院

30300 唐詩豔逸品四卷 （明）楊肇祉編 明天啓元年（1621）
閔一栻刻朱墨套印本 遼寧省圖書館

30301 元白長慶集一百四十一卷 （明）馬元調編 明萬曆
三十二年（1604）馬元調魚樂軒刻本 遼寧省圖書館

30302 文選六十卷 （南朝梁）蕭統輯 （唐）李善注 明成
化二十三年（1487）唐藩朱芝址刻本 遼寧省圖書館
存七卷（三十一至三十四、四十二至四十四）

30303 文選六十卷 （南朝梁）蕭統輯 （唐）李善注 明
末毛氏汲古閣刻本 祁儁藻過録何焯校 惲毓鼎跋
遼寧省圖書館
存四十二卷（一至三十、四十六至五十四、五十八至
六十）

30304 六家文選六十卷 （南朝梁）蕭統輯 （唐）李善
呂延濟 劉良 張銑 呂向 李周翰注 明嘉靖十三
年至二十八年（1534-1549）袁褧嘉趣堂刻本 遼寧省
圖書館

30305 文選纂注評林十二卷 （南朝梁）蕭統輯 （明）張
鳳翼纂注 明萬曆刻本 大連圖書館

30306 文選尤十四卷 （南朝梁）蕭統輯 （明）鄒思明删訂

30307 文選尤十四卷 （南朝梁）蕭統輯 （明）鄒思明删訂
明天啓二年（1622）刻三色套印本 遼寧省圖書館

30308 選賦六卷 （南朝梁）蕭統選 明凌氏鳳笙閣刻朱墨
套印本 遼寧省圖書館

30309 選詩七卷 （南朝梁）蕭統輯 （明）郭正域評點
（明）凌濛初輯評 明凌濛初刻朱墨套印本 遼寧省
圖書館

30310 文苑英華一千卷 （宋）李昉等輯 明隆慶元年（1567）
胡維新、戚繼光刻本（卷九十三抄補三頁、卷九十四
抄補二頁、卷一百抄補二頁、卷一百一抄補二頁、卷
一百九抄補一頁） 遼寧省圖書館

30311 玉臺新詠十卷 （南朝陳）徐陵輯 **續五卷** （明）
鄭玄撫輯 明萬曆七年（1579）茅元禎刻本 遼寧省
圖書館

30312 詩歸五十一卷 （明）鍾惺 譚元春輯 明閔振業、
閔振生刻三色套印本 遼寧省圖書館

30313 文編六十四卷 （明）唐順之輯 明天啓刻本 大連
圖書館

30314 文編六十四卷 （明）唐順之輯 明天啓刻本 大連
圖書館

30315 臥雪齋選四卷 （明）袁鳴泰輯 明刻本 大連圖書館

30316 秦漢文鈔六卷 （明）閔邁德等輯 （明）楊融博批點
明萬曆四十八年（1620）刻朱墨套印本 遼寧省圖書館

30317 周文歸二十卷 （明）鍾惺輯 明崇禎刻本 大連圖
書館

30318 唐詩類苑二百卷 （明）張之象輯 明萬曆二十九年
（1601）曹仁孫刻本 大連圖書館

30319 增定國朝館課經世宏辭十五卷 （明）王錫爵 沈一
貫輯 明萬曆十八年（1590）周曰校萬卷樓刻本 大
連圖書館

30320 **新刻壬戌科翰林館課五卷新刻己未科翰林館課一卷**
（明）周如磐 汪輝輯 明天啓金陵廣慶堂刻本 大
連圖書館

30321 唐詩紀事八十一卷 （宋）計有功撰 明崇禎五年
（1632）毛氏汲古閣刻本 遼寧省圖書館

30322 草堂詩餘五卷 （明）楊慎批點 明閔暎璧刻朱墨套
印本 遼寧省圖書館

30323 古今說海一百三十五種一百四十二卷　（明）陸楫
等編　明嘉靖二十三年（1544）陸楫儼山書院、雲山
書院刻本　遼寧省圖書館

30324 稗海四十八種二百八十八卷續二十二種一百六十一卷
（明）商濬編　明萬曆商濬刻清康熙振鷺堂重編補
刻本　魯迅美術學院圖書館

30325 尚白齋鐫陳眉公訂正秘笈二十一種四十九卷　（明）
陳繼儒編　明萬曆三十四年（1606）沈氏尚白齋刻本
大連圖書館

30326 枕函小史五種四卷　（明）閔于忱編　明閔于忱松筠
館刻朱墨套印本　遼寧省圖書館

30327 枕函小史五種四卷　（明）閔于忱編　明閔于忱松筠
館刻朱墨套印本　遼寧省圖書館

30328 枕函小史五種四卷　（明）閔于忱編　明閔于忱松筠
館刻朱墨套印本　遼寧省圖書館

30329 快書五十種五十卷　（明）閔景賢編　明天啟六年
（1626）刻本　遼寧省圖書館

30330 陸放翁全集六種一百五十七卷　（宋）陸游撰　明毛
氏汲古閣刻清毛扆增刻本　遼寧省圖書館

清　代

30331 易大象義一卷　（明）章潢撰　清抄本　羅振玉題記
遼寧省圖書館

30332 喬氏易俟十八卷圖一卷　（清）喬萊撰　清康熙竹深
荷淨之堂刻本　遼寧省圖書館

30333 御纂周易折中二十二卷首一卷　（清）李光地等撰　清
康熙五十四年（1715）內府刻本　丹東市圖書館

30334 御纂周易折中二十二卷首一卷　（清）李光地等撰　清
康熙五十四年（1715）內府刻本　遼寧省博物館

30335 周易通義二十二卷首一卷　（清）蘇秉國撰　清嘉慶
二十一年（1816）刻本　丁晏題識　遼寧省圖書館

30336 周易乾鑿度二卷　（漢）鄭玄注　清惠氏紅豆齋抄本
遼寧省圖書館

30337 書經六卷　（宋）蔡沈集傳　清康熙四十一年（1702）
雲間華氏敬業堂刻本　瀋陽市圖書館

30338 毛詩日箋六卷　（清）秦松齡撰　清康熙挺秀堂刻本
大連圖書館

30339 毛詩名物圖說九卷　（清）徐鼎輯　清乾隆三十六年
（1771）刻本　遼寧省圖書館

30340 詩說三卷　（清）惠周惕撰　清惠氏紅豆齋刻本　遼
寧省圖書館

30341 詩附記□□卷　（清）翁方綱撰　清翁方綱稿本　遼
寧省圖書館
存四卷（四至七，其中卷四存南陔之什以後）

30342 推小雅十月辛卯詳疏二卷　（清）焦循撰　清李氏半
畝園抄本　遼寧師範大學圖書館

30343 周官精義十二卷　（清）連斗山撰　清乾隆四十一年
（1776）刻本　瀋陽市圖書館

30344 儀禮疏五十卷　（唐）賈公彥等撰　清道光十年（1830）
汪士鍾藝芸書舍影宋刻本　許珩題識　遼寧省圖書館
存四十四卷（一至三十一、三十八至五十）

30345 讀禮通考一百二十卷　（清）徐乾學撰　清康熙三十
五年（1696）徐氏冠山堂刻本　遼寧省圖書館

30346 讀禮通考一百二十卷　（清）徐乾學撰　清康熙三十
五年（1696）徐氏冠山堂刻本　遼寧省圖書館

30347 朱子家禮十卷　（宋）朱熹撰　清康熙四十年（1701）
三多齋刻本　遼寧省博物館

30348 五禮通考二百六十二卷目錄二卷首四卷　（清）秦蕙
田撰　清乾隆十八年（1753）秦氏味經窩刻本　遼寧
省圖書館

30349 五禮通考二百六十二卷目錄二卷首四卷　（清）秦蕙
田撰　清乾隆刻本　瀋陽故宮博物院

30350 春秋困學錄十二卷　（清）楊宏聲撰　清乾隆三十九
年（1774）刻本　瀋陽市圖書館

30351 日講春秋解義六十四卷　（清）庫勒納等撰　清乾隆
二年（1737）武英殿刻本　遼寧省圖書館

30352 御註孝經一卷　（清）世祖福臨撰　清順治十三年
（1656）內府刻本　遼寧省圖書館

30353 四書集注二十一卷　（宋）朱熹集注　清乾隆明善堂
刻本　遼寧省圖書館

30354 四書講義自得錄十卷　（清）何如瀯撰　清乾隆二十
六年（1761）刻本　遼寧省圖書館

30355 陸稼書先生四書講義遺編六卷　（清）陸隴其撰
（清）趙鳳翔編　清康熙四十四年（1705）陸隴其三
魚堂刻本　遼寧省圖書館

30356 駁呂留良四書講義八卷　（清）朱軾等撰　清雍正內
府刻本　遼寧省圖書館

30357 朱子四書或問三十九卷附中庸輯略二卷 （宋）朱熹撰
清初墨瀾齋刻本 瀋陽市圖書館

30358 朱子四書或問小註三十六卷 （宋）朱熹撰 （清）
鄭任鑰校訂 （清）湯友信參校 清康熙六十一年
（1722）鄭任鑰刻本 遼寧省圖書館

30359 四書餘說二十卷 （清）孫爌撰 清康熙五十六年
（1717）惇裕堂刻本 遼寧省圖書館

30360 六經圖二十四卷 （清）鄭之僑撰 清乾隆九年（1744）
述堂刻本 大連圖書館

30361 六經圖二十四卷 （清）鄭之僑撰 清乾隆九年（1744）
述堂刻本 大連圖書館

30362 六經圖二十四卷 （清）鄭之僑撰 清乾隆九年（1744）
述堂刻本 瀋陽故宮博物院

30363 御定仿宋相台岳氏五經九十六卷附考證 （元）岳浚
編 清乾隆四十八年（1783）武英殿刻本 遼寧省圖
書館

30364 爾雅正義二十卷 （清）邵晉涵撰 釋文三卷 （唐）陸
德明撰 清乾隆五十三年（1788）邵氏面水層軒刻本
瀋陽師範大學圖書館

30365 埤雅二十卷 （宋）陸佃撰 清康熙三十九年（1700）
常熟顧械如月樓刻本 遼寧師範大學圖書館

30366 說文解字十五卷 （漢）許慎撰 （五代）徐鉉等
校定 清初毛氏汲古閣刻本 大連圖書館

30367 六書通不分卷 （明）閔齊伋撰 （清）畢弘述篆訂
清康熙五十九年（1720）刻本 魯迅美術學院圖書館

30368 六書分類十二卷首一卷 （清）傅世垚撰 清康熙三
十八年（1699）聽松閣刻本 瀋陽市圖書館

30369 說文解字注三十卷六書音均表五卷 （清）段玉裁撰
清同治六年至十一年（1867-1872）蘇州保息局刻本
許克勤、王仁俊題識 遼寧省圖書館

30370 說文解字校勘記一卷 （清）王念孫撰 清種松書屋
抄本 遼寧省圖書館

30371 說文字原集註十六卷表一卷表說一卷 （清）蔣和撰
清乾隆五十三年（1788）刻本 遼寧省圖書館

30372 篆字彙十二卷 （清）佟世男撰 清康熙三十年（1691）
多山堂刻本 大連圖書館

30373 廣韻五卷 （宋）陳彭年等撰 清康熙四十三年（1704）
張士俊影宋刻澤存堂五種本 梁履繩批校 張琢成跋

遼寧師範大學圖書館

30374 廣韻五卷 （宋）陳彭年等撰 清康熙四十三年（1704）
張士俊影宋刻澤存堂五種本 王頌蔚批校題跋 遼寧
師範大學圖書館

30375 廣韻五卷 （宋）陳彭年等撰 清康熙符山堂刻本
遼寧師範大學圖書館

30376 古今韻略五卷 （清）邵長蘅撰 清康熙三十五年
（1696）宋犖刻本 遼寧省圖書館

30377 古今韻略五卷 （清）邵長蘅撰 清康熙三十五年
（1696）宋犖刻本 遼寧省圖書館

30378 欽定叶韻彙輯十卷 （清）梁詩正撰 清乾隆十五年
（1750）武英殿刻本 遼寧省圖書館

30379 欽定叶韻彙輯十卷 （清）梁詩正撰 清乾隆十五年
（1750）武英殿刻本 遼寧省圖書館

30380 弘簡録二百五十四卷 （明）邵經邦撰 清康熙二十
七年（1688）刻本 續弘簡録元史類編四十二卷
（清）邵遠平撰 清康熙三十八年（1699）刻本 遼
寧省博物館

30381 明史藁三百十卷目録三卷 （清）王鴻緒撰 清雍正
敬慎堂刻本 瀋陽故宮博物院

30382 綱鑑彙編四十卷首一卷明紀九卷 （清）蔡方炳纂輯
清康熙五十四年（1715）吳郡大來堂刻本 錦州市圖
書館

30383 通鑑韻書附録彈詞三十二卷 （清）沈尚仁編 清康
熙四十四年（1705）玉極堂刻本 遼寧省博物館

30384 建炎以來繫年要録二百卷 （宋）李心傳撰 清乾隆
四十一年（1776）孔繼涵家抄本 孔繼涵題識 遼寧
省圖書館
存一百八十卷（一至一百八十）

30385 繹史一百六十卷世系圖一卷年表一卷 （清）馬驌撰
清康熙刻本 錦州市圖書館

30386 三藩紀事本末四卷 （清）楊陸榮撰 清康熙五十六
年（1717）刻本 大連圖書館

30387 御製親征朔漠紀略一卷 （清）聖祖玄燁撰 親征平
定朔漠方略四十八卷 （清）溫達等撰 清康熙四十
七年（1708）内府刻本 大連圖書館

30388 御製親征朔漠紀略一卷 （清）聖祖玄燁撰 親征平
定朔漠方略四十八卷 （清）溫達等撰 清康熙四十

七年（1708）内府刻本　大連圖書館

30389　平定兩金川方畧一百三十六卷首八卷紀畧一卷藝文
八卷　（清）舒赫德等纂　清乾隆武英殿刻本　大連
圖書館

30390　欽定勦捕臨清逆匪紀略十六卷　（清）舒赫德等纂　清
乾隆四十六年（1781）武英殿刻本　大連圖書館

30391　欽定石峯堡紀畧二十卷首一卷　清内府抄本　大連圖
書館
存十五卷（四至十、十二至十六、十八至二十）

30392　釣磯立談一卷　清康熙四十五年（1706）曹寅揚州使
院刻棟亭十二種本　朱錫庚題識　遼寧省圖書館

30393　庭聞録六卷附平定緬甸一卷　（清）劉健撰　清康熙
五十八年（1719）刻本　錦州市圖書館

30394　庭聞録六卷附平定緬甸一卷　（清）劉健撰　清康熙
五十八年（1719）刻本　錦州市圖書館

30395　南征日記五卷　清抄本　遼寧省圖書館

30396　御選明臣奏議四十卷　清乾隆内府抄本　遼寧省圖書館

30397　世宗上諭八旗十三卷　（清）世宗胤禛撰　（清）允
禄等編　清雍正九年（1731）内府刻乾隆六年（1741）
武英殿續刻本　遼寧省圖書館

30398　總督奏議六卷　（清）李蔭祖撰　清康熙刻本　大連
圖書館

30399　撫豫宣化録四卷　（清）田文鏡撰　清雍正五年（1727）
田文鏡刻本　大連圖書館

30400　磨盾偶存草不分卷　（清）勒保撰　清抄本　大連圖
書館

30401　蘭閨寶録六卷　（清）惲珠輯　稿本　遼寧省圖書館
存四卷（二、四至六）

30402　欽定八旗氏族通譜輯要二卷　（清）阿桂　和珅等
纂修　清乾隆五十七年（1792）武英殿刻本　遼寧大
學圖書館

30403　欽定八旗氏族通譜輯要二卷　（清）阿桂　和珅等
纂修　清乾隆五十七年（1792）武英殿刻本　衍昌
題記　瀋陽故宮博物院

30404　古今指掌十二卷　（清）歐陽魁　歐陽棫撰　清抄本
伯融題記　蘉初跋　遼寧省圖書館

30405　宗室王公功績表傳五卷表一卷　（清）允秘等撰　清
乾隆二十九年（1764）武英殿刻本　大連圖書館

30406　軍務疏志五卷　（清）都興阿撰　清末抄本　大連圖
書館

30407　學統五十六卷　（清）熊賜履撰　清康熙二十四年
（1685）刻本　胡嗣瑗題記　遼寧省圖書館

30408　學統五十六卷　（清）熊賜履撰　清康熙二十四年
（1685）刻本　錦州市圖書館

30409　北里誌一卷　（唐）孫棨撰　清咸豐二年（1852）勞
權抄本　勞格批　羅振玉題識　遼寧省圖書館

30410　關帝文獻會要八卷　（清）孫苣輯　清康熙四十九年
（1710）東皋雪堂刻本　丹東市圖書館

30411　魏鄭公諫續録二卷　（元）翟思忠撰　清乾隆武英殿
刻本　大連圖書館

30412　朱文懿公茶史一卷　（明）朱賡撰　朱公行狀一卷
（明）鄒元標撰　清抄本　遼寧省圖書館

30413　徐昭法先生年譜不分卷　羅振玉輯　稿本　遼寧師範
大學圖書館

30414　尋樂堂日録二十五卷　（清）竇克勤撰　清康熙六十
一年（1722）朱陽書院刻本　遼寧省圖書館

30415　[遼寧鐵嶺] 李氏譜系四卷　（清）李樹德重修　清康
熙六十一年（1722）刻本　遼寧大學圖書館

30416　鑲黄旗滿洲鈕祜禄氏弘毅公家譜不分卷弘毅公勳績二
卷弘毅公譜圖一卷　清嘉慶抄本　遼寧省圖書館

30417　前明入學案録存不分卷　（清）翰坡考訂　稿本　遼
寧師範大學圖書館

30418　天下山河兩戒考十四卷圖一卷　（清）徐文靖撰　清
雍正元年（1723）刻本　錦州市圖書館

30419　皇輿表十六卷　（清）喇沙里等纂修　（清）揆叙等
增修　清康熙四十三年（1704）揚州詩局刻本　遼寧
省圖書館

30420　皇輿表十六卷　（清）喇沙里等纂修　（清）揆叙等
增修　清康熙四十三年（1704）揚州詩局刻本　遼寧
省圖書館

30421　[康熙] 山海關誌十卷　（清）陳天植等修　（清）佘
一元纂　清康熙九年（1670）刻本　大連圖書館

30422　[康熙] 宛平縣志六卷　（清）王養濂修　（清）李開
泰　張采纂　清康熙二十四年（1685）刻本　大連圖
書館

30423　[康熙] 高邑縣誌三卷　（清）趙端等撰　清康熙刻本

大連圖書館

30424 [康熙]河間府志二十二卷 （清）徐可先纂修 清康
熙十七年（1678）刻本 大連圖書館

30425 [康熙]吳橋縣志十卷續補一卷 （清）任先覺修
（清）楊萃撰 清康熙十二年（1673）刻十九年（1680）
鹿廷瑄增修本 大連圖書館

30426 [康熙]安平縣志十卷 （清）陳宗石纂修 清康熙二
十六年（1687）患立堂刻三十年（1691）增修本 大
連圖書館

30427 [康熙]任縣志十二卷 （清）季芷修 （清）謝元
震纂 清康熙十二年（1673）刻三十年（1691）增修
本 大連圖書館

30428 [康熙]介休縣志八卷 （清）王埴修 （清）王之
舟纂 清康熙三十五年（1696）刻本 大連圖書館

30429 [乾隆]垣曲縣志十四卷圖考一卷 （清）湯登泗
纂修 清乾隆三十一年（1766）垣曲縣官衙刻本
遼寧省圖書館

30430 [乾隆]盛京通志四十八卷圖一卷 （清）呂耀曾
等修 （清）魏樞等纂 清乾隆元年（1736）刻本
遼寧省圖書館

30431 [乾隆]盛京通志四十八卷首一卷 （清）呂耀曾
等修 （清）魏樞等纂 清乾隆元年（1736）刻本
遼寧省博物館

30432 [康熙]西鄉縣志十卷 （清）王穆修 （清）夏榮纂
清康熙五十七年（1718）刻本（卷三、五至六抄配） 大
連圖書館

30433 [康熙]寧州志五卷 （清）晉顯卿修 （清）王星
麟纂 清康熙二十六年（1687）刻本 大連圖書館

30434 齊乘六卷釋音一卷 （元）于欽撰 清道光孔廣林
抄本 許瀚題記 胡嗣瑗題識 遼寧省圖書館

30435 [康熙]郯城縣誌十卷 （清）張三俊重訂 （清）馮
可參纂修 清康熙刻本 大連圖書館

30436 [乾隆]武康縣志八卷 （清）劉守成修 （清）高
植纂 清乾隆四十四年（1779）刻本 大連圖書館

30437 [康熙]陳留縣志四十二卷首一卷 （清）鍾定
纂修 清康熙三十年（1691）刻本 大連圖書館

30438 [康熙]江西通志五十四卷 （清）杜果等撰 清康熙
二十二年（1683）刻本 大連圖書館

30439 [康熙]龍陽縣誌四卷 （清）蔡蔭修 （清）陳一
揆纂 清康熙二十四年（1685）刻本 大連圖書館

30440 [康熙]四川總志三十六卷 （清）蔡毓榮等修
（清）錢受祺等纂 清康熙十二年（1673）刻本（卷
六抄配） 大連圖書館

30441 皇清職貢圖九卷 （清）傅恒等纂 （清）門慶安
等繪 清乾隆武英殿刻本 遼寧省圖書館

30442 皇清職貢圖九卷 （清）傅恒等纂 （清）門慶安
等繪 清乾隆武英殿刻本 遼寧省圖書館

30443 欽定日下舊聞考一百六十卷譯語總目一卷 （清）于
敏中 竇光鼐等纂修 清乾隆内府抄本 遼寧省圖
書館
存一百五十七卷（一至二十一、二十四至一百九、一
百十二至一百六十，譯語總目一卷）

30444 全遼備考二卷 題（清）林佶撰 清抄本 黃侃批校
遼寧省圖書館

30445 柳邊紀略二卷 （清）楊賓撰 清抄本 遼寧省圖書館

30446 盤山志十六卷首五卷 （清）蔣溥等纂修 清乾隆二
十年（1755）武英殿刻本 遼寧省圖書館

30447 茅山志十四卷 （清）笪蟾光輯 清康熙朱茂如刻本
大連圖書館
存十三卷（一至十三）

30448 大嶽太和山紀略八卷 （清）王概總修 （清）姚世
佲纂 清乾隆九年（1744）刻本 瀋陽故宮博物院

30449 黔靈山志十二卷 （清）釋道領撰 清康熙刻本
大連圖書館

30450 水經注釋四十卷首一卷附録二卷水經注箋刊誤十二卷
（清）趙一清撰 清乾隆五十一年（1786）趙氏小山
堂刻本 董恂題記 遼寧省圖書館

30451 河防一覽纂要五卷 （清）陳于豫撰 南河志書纂要
一卷 清康熙三十九年（1700）孫弓安刻本 大連圖
書館

30452 欽定河源紀畧三十五卷首一卷 （清）紀昀等纂
清乾隆武英殿刻本 遼寧省圖書館

30453 山東全河備考四卷 （清）葉方恒撰 清康熙十九年
（1680）刻本 大連圖書館

30454 [雍正]西湖志四十八卷 （清）傅王露 李衛等重修
清雍正十三年（1735）兩浙鹽驛道庫鄭維翰刻本 遼

寧省圖書館

30455 蘇州府水利纂不分卷 （清）宋大業撰 清抄本 大連圖書館

30456 三江閘務全書二卷 （清）程鶴翥撰 **附湯神事實録一卷** 清康熙二十五年（1686）漱玉齋刻本 大連圖書館

30457 鼎湖山慶雲寺志八卷首一卷 （清）丁易 釋成鷲撰 清康熙刻本 大連圖書館

30458 宋東京考二十卷 （清）周城輯 清乾隆三年（1738）刻本 遼寧省博物館

30459 直隸河淀估浚工程圖説不分卷 （清）□□撰 稿本 大連圖書館

30460 東漢會要四十卷 （宋）徐天麟撰 清初抄本 吳志忠校并跋 遼寧省圖書館

30461 經世大典輯本不分卷 （清）文廷式輯 稿本 遼寧省圖書館

30462 大清會典則例不分卷 清內府寫本 袁金鎧題識 遼寧省圖書館

30463 欽定戶部旗務則例十二卷 （清）傅恒等纂修 清乾隆三十四年（1769）武英殿刻本 大連圖書館

30464 本朝則例十二卷 （清）陸海輯 清康熙刻本 大連圖書館

30465 定例全編五十卷續刊六卷 （清）李珍編 清康熙五十四年（1715）榮錦堂刻本 大連圖書館

30466 大清通禮五十卷 （清）來保等纂修 清乾隆武英殿刻本 遼寧省圖書館

30467 幸魯盛典四十卷 （清）孔毓圻 金敬居等纂 清康熙五十年（1711）孔毓圻刻進呈本 遼寧省圖書館

30468 皇朝禮器圖式十八卷目録六卷 （清）允禄等纂 （清）福隆安等補纂 清乾隆三十一年（1766）武英殿刻本 遼寧省圖書館

30469 南巡盛典一百二十卷 （清）高晉等纂 清乾隆三十六年（1771）高晉等刻內府印本 遼寧省圖書館

30470 大清律集解附例三十卷附欽定則例一卷 （清）剛林等撰 清康熙刻本 大連圖書館

30471 總制浙閩文檄六卷 （清）劉兆麒撰 清康熙刻本 遼寧省圖書館

30472 金石萃編未刻稿不分卷 （清）王昶撰 稿本 遼寧

省圖書館

30473 石刻鋪敍二卷 （宋）曾宏父纂 清乾隆三十四年（1769）刻本 翁方綱校并題識 羅振玉題記 遼寧省圖書館

30474 石刻鋪叙二卷 （宋）曾宏父撰 **二王帖目録評釋三卷** （宋）許開撰 清抄本 朱錫庚、朱學勤題記 羅繼祖批校 遼寧省圖書館

30475 石鼓文釋存一卷 （清）張燕昌述 清光緒二十八年（1902）劉士珩刻本 羅振玉校 遼寧省圖書館

30476 濟南金石志四卷 （清）馮雲鵷撰 稿本 遼寧省圖書館
存三卷（一、三至四）

30477 粤東金石略九卷首一卷附録二卷 （清）翁方綱輯 清乾隆石州草堂刻本 蟄庵題記 遼寧省圖書館

30478 魏稼孫金石劄記 （清）魏錫曾撰 稿本 遼寧省圖書館

30479 十七史商榷一百卷 （清）王鳴盛撰 清乾隆五十二年（1787）洞涇草堂刻本 瀋陽市圖書館

30480 淮南子二十一卷 （漢）劉安撰 （漢）高誘注 清光緒二年（1876）浙江書局刻本 王仁俊批校補注 遼寧省圖書館

30481 周子全書二十二卷 （宋）周敦頤撰 （宋）朱熹注釋 （清）尹繼善等總閱 （清）湯聘等參訂 清乾隆刻本 瀋陽師範大學圖書館

30482 張子全書十五卷 （宋）張載撰 （宋）朱熹注 清順治十年（1653）刻本 大連圖書館

30483 朱子經濟文衡類編前集二十五卷後集二十五卷續集二十二卷 （宋）朱熹撰 （宋）滕珙編 清乾隆四年（1739）安徽徽州府署刻本 遼寧省圖書館

30484 大學衍義四十三卷 （宋）真德秀撰 （清）孫嘉淦校訂 清雍正刻本 遼寧省圖書館

30485 內則衍義十六卷 （清）世祖福臨撰 （清）傅以漸奉敕纂修 清順治十三年（1656）內府刻本 遼寧省圖書館

30486 聖祖仁皇帝庭訓格言不分卷 （清）世宗胤禛輯 清雍正八年（1730）武英殿刻本 瀋陽故宫博物院

30487 御纂性理精義十二卷 （清）李光地等纂修 清康熙五十六年(1717)內府刻本 遼寧省圖書館

30488 淵鑒齋御纂朱子全書六十六卷 （清）李光地等纂修
清康熙五十三年（1714）内府刻本 遼寧省圖書館

30489 學規類編重纂二十八卷首二卷末六卷 （清）張伯行編
（清）蕭大成重纂 清康熙五十三年（1714）崇正書
院刻本 遼寧省圖書館

30490 五先生學約十四卷 （清）孫承澤編 清康熙五年
（1666）孫氏家塾刻本 遼寧省圖書館

30491 正修齊治録二種六卷 （清）于準纂 清康熙刻本
瀋陽市圖書館
存五卷（正修録中下、齊治録上中下）

30492 類林新咏三十六卷 （清）姚之駰撰 清康熙四十六
年（1707）錢塘姚氏刻本 瀋陽市圖書館

30493 萬世玉衡録四卷 （清）蔣伊撰 清康熙刻本 遼寧
省圖書館

30494 逸語十卷 （清）曹庭棟輯注 清乾隆十二年（1747）
刻本 遼寧省圖書館

30495 兵志八卷 （明）王守仁纂録 清黃國瑾抄本 黃國
瑾跋 遼寧省圖書館

30496 武備心畧六卷 （清）施永圖輯 清康熙卧雲居刻本
遼寧省圖書館

30497 農圃六書六卷 （清）周之璵撰 清順治十一年（1654）
大雅堂刻本 大連圖書館

30498 豳風廣義三卷 （清）楊屾撰 （清）楊生洲參閱
（清）巨兆文 史德溥校 清乾隆七年（1742）楊屾
刻本 遼寧省圖書館

30499 御纂歷代三元甲子編年一卷附御定萬年表不分卷
（清）欽天監纂修 清乾隆武英殿刻本 遼寧省圖書館

30500 金匱心典三卷 （漢）張仲景撰 （清）尤怡集注
清雍正十年（1732）刻本 遼寧省圖書館

30501 痘疹會通五卷 （清）曾鼎撰 清乾隆五十一年（1786）
曾氏忠恕堂刻本 遼寧省圖書館

30502 傷寒舌鑑一卷 （清）張登彙纂 （清）邵之鵬校
清康熙七年（1668）刻本 遼寧省圖書館

30503 本草詩箋十卷 （清）朱鑰撰 清乾隆二十二年（1757）
刻本 遼寧省圖書館

30504 醫林指月二十卷 （清）王琦輯 清乾隆三十二年
（1767）王琦刻本 遼寧省圖書館

30505 瘍瘧經驗全書十三卷 （宋）竇漢卿輯著 清康熙五

十六年（1717）陳友恭浩然樓刻本 遼寧省圖書館

30506 景岳全書六十四卷 （明）張介賓撰 （明）魯超訂
清乾隆三十三年（1768）越郡黎照樓刻本 遼寧省圖
書館

30507 六壬經緯六卷 （清）毛志道撰 清雍正三年（1725）
丹徒縣衙刻本 遼寧省圖書館

30508 堪輿經二卷 （明）蕭克撰 （清）鍾之模訂 清雍
正七年（1729）刻本 瀋陽市圖書館

30509 陽宅傳心四集四卷 （清）許明輯 清雍正十年（1732）
吳郡緑蔭堂刻本 瀋陽市圖書館

30510 陽宅大成四種十五卷 （清）魏青江撰 清乾隆三十
八年（1773）懷德堂刻本 瀋陽市圖書館

30511 陽宅集成八卷 （清）姚廷鑾撰 （清）陸榮櫗 王汝
元參 （清）錢雍壤 顧鳳池校 清乾隆十六年至十
九年（1751-1754）刻本 遼寧省圖書館

30512 新編秘傳堪輿類纂人天共寶六卷 （明）黃慎編 清
乾隆三十七年（1772）刻本 瀋陽市圖書館

30513 張宗道先生地理全書 （明）張宗道撰 清康熙三十
四年（1695）書業堂刻本 瀋陽市圖書館

30514 增補地理直指原真大全四卷 （清）釋如玉撰 清乾
隆四十八年（1783）文盛堂刻本 瀋陽市圖書館

30515 佩文齋書畫譜一百卷 （清）孫岳頒等纂輯 清康熙
四十七年（1708）内府刻静永堂印本 遼寧師範大學圖
書館

30516 虛舟題跋十卷又三卷竹雲題跋四卷 （清）王澍撰 清
乾隆三十五年（1770）楊建刻三十九年（1774）續刻
本 遼寧省圖書館

30517 墨池編二十卷 （宋）朱長文纂 印典八卷 （清）
朱象賢編 清雍正十一年（1733）就閑堂刻本 瀋陽
故宮博物院

30518 琴史六卷 （宋）朱長文撰 清康熙四十五年（1706）
揚州詩局刻本 遼寧省圖書館

30519 蓼懷堂琴譜 （清）雲志高撰 清康熙二十五年（1686）
刻本 瀋陽音樂學院圖書館

30520 文房肆攷圖說八卷 （清）唐秉鈞撰 （清）康愷繪
清乾隆四十三年（1778）竹映山莊刻本 瀋陽師範大
學圖書館

30521 鹽書不分卷 （清）周亮工輯 清初賴古堂刻本 大

連圖書館

30522 佩文齋廣羣芳譜一百卷 （清）汪灝等編 清康熙四十七年（1708）内府刻本 遼寧省圖書館

30523 尸子二卷存疑一卷 （清）汪繼培輯 清光緒三年（1877）浙江書局刻二十二子本 王仁俊校 遼寧省圖書館

30524 春渚紀聞十卷 （宋）何薳撰 清嘉慶十年（1805）張海鵬刻學津討原本 羅振玉跋 遼寧省圖書館

30525 困學録集粹八卷 （清）張伯行撰 （清）李汝霖校 （清）張師栻 張師載正字 清雍正刻本 遼寧省圖書館

30526 芝省齋隨筆八卷 （清）李遇孫撰 稿本 葉敬題記 遼寧省圖書館
存五卷（一至五）

30527 讀書雜述十卷 （清）李鎧撰 清乾隆二十六年（1761）李氏恪素堂刻本 遼寧省圖書館

30528 庸行編八卷 （清）牟允中輯 清康熙三十一年（1692）尚朝柱、尚詮源澹寧堂刻本 遼寧省圖書館

30529 聊齋雜著不分卷 （清）蒲松齡撰 稿本 遼寧省圖書館

30530 遠色編三卷 （清）彭啓豐撰 清乾隆三十八年（1773）姑蘇厚德堂刻本 遼寧省圖書館

30531 新刻逸田叟女仙外史大奇書一百回附目録不分卷 （清）吕熊撰 清雍正釣璜軒刻本 魯迅美術學院圖書館

30532 佩文韻府一百六卷 （清）張玉書 蔡升元等輯 清康熙五十年（1711）揚州詩局刻本 遼寧省圖書館

30533 韻府拾遺一百六卷 （清）張廷玉 汪灝等撰 清康熙五十九年（1720）内府刻本 遼寧省圖書館

30534 類書纂要三十三卷 （清）周魯輯 清康熙姑蘇三槐堂刻本 遼寧省圖書館

30535 嘉懿集初鈔四卷續鈔四卷 （清）高嵰輯 清乾隆五十四年（1789）培元堂刻本 遼寧省圖書館

30536 省軒考古類編十二卷 （清）柴紹炳撰 （清）姚培謙評 清雍正四年（1726）刻本 瀋陽故宫博物院

30537 天方典禮擇要解二十卷歸正儀附剪薤一卷 （清）劉智撰 清乾隆五年（1740）童國瑾、童國選刻後印本 遼寧省圖書館

30538 御録經海一滴六卷 （清）世宗胤禛録 清雍正十三年（1735）武英殿刻本 遼寧省圖書館

30539 莊子十卷 （晋）郭象注 （唐）陸德明音義 清光緒二年（1876）浙江書局刻本 王仁俊校并跋 遼寧省圖書館

30540 南華簡抄四卷 （清）徐廷槐撰 清乾隆六年（1741）蔡照樓刻本 遼寧省圖書館

30541 真詮二卷遇真記一卷 （明）桑喬撰 清康熙四十九年（1710）彭定求刻本 遼寧省圖書館

30542 莊子獨見不分卷 （清）胡文英撰 清乾隆刻本 遼寧省圖書館

30543 莊子解三卷 （清）吴世尚撰 清康熙五十四年（1715）光裕堂刻本 遼寧省圖書館

30544 莊子解十二卷 （清）吴世尚撰 清雍正四年（1726）吴氏易老莊書屋刻本 遼寧省圖書館

30545 感應篇不分卷 （清）吴天儀摹刻 清雍正三年（1725）刻本 瀋陽故宫博物院

30546 忠義神武靈佑關聖大帝覺世寶訓圖說五卷首一卷 （清）沈維琪撰 （清）胡文欽繪 清乾隆三十五年（1770）沈維琪懷永堂刻三十九年（1774）補序本 遼寧省圖書館

30547 陶詩彙注四卷首一卷末一卷 （清）吴瞻泰輯 論陶一卷 （清）吴崧撰 清康熙四十四年（1705）程崟刻本 胡嗣瑗批校 遼寧省圖書館

30548 王右丞集二十八卷首一卷末一卷 （唐）王維撰 （清）趙殿成箋注 清乾隆刻本 遼寧省圖書館

30549 王右丞集二十八卷首一卷末一卷 （唐）王維撰 （清）趙殿成箋注 清乾隆刻本 遼寧省圖書館

30550 杜詩詳注二十卷 （唐）杜甫撰 （清）錢謙益箋注 諸家詩話一卷 清康熙六年（1667）季氏静思堂刻本 遼寧省圖書館

30551 讀書堂杜工部詩集註解二十卷文集註解二卷 （唐）杜甫撰 （清）張溍注 清康熙三十七年（1698）張氏讀書堂刻本 大連圖書館

30552 唐陸宣公集二十二卷 （唐）陸贄撰 清雍正元年（1723）年羹堯刻本 遼寧省圖書館

30553 昌黎先生集考異十卷 （宋）朱熹撰 清康熙四十七年（1708）李光地刻本 遼寧省圖書館

30554 新刊五百家註音辯昌黎先生文集四十卷 （唐）韓愈撰 （宋）魏仲舉集注 清乾隆四十九年（1784）刻本 遼寧省圖書館

30555 昌黎先生詩集注十一卷 （清）顧嗣立删補 **年譜一卷** 清康熙三十八年（1699）顧氏秀野草堂刻本 馬毅題識 遼寧省圖書館

30556 昌黎先生詩集注十一卷 （清）顧嗣立删補 **年譜一卷** 清康熙三十八年（1699）顧氏秀野草堂刻本 遼寧省圖書館

30557 昌黎先生詩集注十一卷 （清）顧嗣立删補 **年譜一卷** 清康熙三十八年（1699）顧氏秀野草堂刻本 遼寧省圖書館

30558 白香山詩長慶集二十卷後集十七卷別集一卷補遺二卷 （唐）白居易撰 **年譜一卷** （清）汪立名撰 **年譜舊本一卷** （宋）陳振孫撰 清康熙四十一年至四十二年（1702-1703）汪立名一隅草堂刻本 稻葉君山題識 遼寧省圖書館

30559 白香山詩長慶集二十卷後集十七卷別集一卷補遺二卷 （唐）白居易撰 **年譜一卷** （清）汪立名撰 **年譜舊本一卷** （宋）陳振孫撰 清康熙四十一年至四十二年（1702-1703）汪立名一隅草堂刻本 遼寧省圖書館

30560 李義山詩集十六卷 （唐）李商隱撰 （清）姚培謙箋 清乾隆五年（1740）姚培謙松桂讀書堂刻本 遼寧省圖書館

30561 李義山詩集十六卷 （唐）李商隱撰 （清）姚培謙箋 清乾隆五年（1740）姚培謙松桂讀書堂刻本 遼寧省圖書館

30562 二十一史彈詞輯註十卷 （明）楊慎撰 （清）孫德威注 清康熙四十年（1701）習是堂刻本 大連圖書館

30563 蘇學士文集十六卷 （宋）蘇舜欽撰 （清）徐惇復重訂 清康熙三十七年（1698）徐惇孝、徐惇復白華書屋刻本 遼寧省圖書館

30564 蘇學士文集十六卷 （宋）蘇舜欽撰 （清）徐惇復重訂 清康熙三十七年（1698）徐惇孝、徐惇復白華書屋刻本 遼寧師範大學圖書館

30565 王荆文公詩五十卷 （宋）王安石撰 （清）李壁箋注 清乾隆五年至六年（1740-1741）張宗松清綺齋刻本 遼寧省圖書館

30566 施註蘇詩四十二卷總目二卷 （宋）蘇軾撰 （宋）施元之 顧禧注 （清）邵長蘅 顧嗣立 宋至删補 **蘇詩續補遺二卷** （宋）蘇軾撰 （清）馮景續注 **王註正訛一卷** （清）邵長蘅撰 **東坡先生年譜一卷** （宋）王宗稷撰 清康熙三十八年（1699）宋犖刻本 遼寧省圖書館

30567 施註蘇詩四十二卷總目二卷 （宋）蘇軾撰 （宋）施元之 顧禧注 （清）邵長蘅 顧嗣立 宋至删補 清康熙三十八年（1699）宋犖刻本 遼寧省圖書館

30568 施註蘇詩四十二卷總目二卷 （宋）蘇軾撰 （宋）施元之 顧禧注 （清）邵長蘅 顧嗣立 宋至删補 **蘇詩續補遺二卷** （宋）蘇軾撰 （清）馮景續注 **王註正訛一卷** （清）邵長蘅撰 **東坡先生年譜一卷** （宋）王宗稷撰 清康熙三十八年（1699）宋犖刻本 丹東市圖書館
存二十一卷（一至十八、總目二卷、年譜一卷）

30569 蘇文忠詩合註五十卷首一卷目録二卷 （宋）蘇軾撰 （清）馮應榴輯注 清乾隆五十八年（1793）馮氏踵息齋刻本 錢啓批校并録紀昀批校 遼寧省圖書館

30570 帶經堂集九十二卷 （清）王士禎撰 （清）程哲編 清康熙四十九年至五十年（1710-1711）程氏七略書堂刻本 遼寧省圖書館

30571 豫章先生遺文十二卷 （宋）黃庭堅撰 清乾隆四十五年（1780）汪大本刻本 遼寧省圖書館

30572 豫章先生遺文十二卷 （宋）黃庭堅撰 清乾隆四十五年（1780）汪大本刻本 遼寧省圖書館

30573 斜川集六卷 （宋）蘇過撰 清乾隆五十三年（1788）趙懷玉亦有生齋刻本 胡嗣瑗題識 遼寧省圖書館

30574 沈忠敏公龜谿集十二卷 （宋）沈與求撰 清抄本 王禮培題跋 遼寧省圖書館

30575 韋齋集十二卷 （宋）朱松撰 **玉瀾集一卷** （宋）朱槔撰 清康熙四十七年（1708）程墫刻本 大連圖書館

30576 羅鄂州小集六卷 （宋）羅頌撰 **羅鄂州遺文一卷** 清康熙五十二年（1713）程哲七略書堂刻本 遼寧省圖書館

30577 羅鄂州小集六卷 （宋）羅頌撰 **羅鄂州遺文一卷** 清康熙五十二年（1713）程哲七略書堂刻本 大連圖

書館

30578　方叔淵遺稿一卷　（元）方瀾撰　清董氏叢碧廬抄本
羅振玉題識　遼寧省圖書館

30579　趙徵君東山先生存稿七卷　（元）趙汸撰　附録一卷
清康熙二十年（1681）趙吉士刻本　大連圖書館

30580　高季迪先生大全集十八卷　（明）高啓撰　清康熙江
蘇許廷鑅竹素園刻本　遼寧省圖書館

30581　青邱高季迪先生詩集十八卷首一卷遺詩一卷　（明）
高啓撰　（清）金檀輯　鳧藻集五卷　（明）高啓撰
（清）金檀輯　附録一卷　（清）金檀輯　年譜一卷
（清）金檀撰　清雍正六年至七年（1728-1729）金檀
文瑞樓刻本　遼寧省圖書館

30582　王遵巖集十卷　（明）王慎中撰　（清）張汝瑚評選
清康熙二十一年（1682）郢雪書林刻本　瀋陽市圖書館

30583　楊忠烈公文集六卷　（明）楊漣撰　（清）李贊元輯
清順治十七年（1660）李贊元刻本　大連圖書館

30584　息齋集十卷疏草五卷　（清）金之俊撰　清順治、康
熙刻本　大連圖書館

30585　雪堂先生文集二十八卷　（清）熊文舉撰　清初刻本
大連圖書館

30586　賴古堂集二十四卷附録一卷　（清）周亮工撰　清康
熙十四年（1675）刻本　丹東市圖書館
存十二卷（一至十二）

30587　甲申集一卷二集一卷三集一卷詩集一卷　（清）王餘
佑撰　清抄本　遼寧省圖書館

30588　種書堂遺稿三卷題畫詩二卷　（清）查士標撰　清康
熙四十三年（1704）查氏種書堂刻本　大連圖書館

30589　趙清獻公集六卷　（清）趙廷臣撰　清康熙二十二年
（1683）趙延祺、趙延組敬恕堂刻本　遼寧省圖書館

30590　白茅堂集四十六卷　（清）顧景星撰　清康熙刻本
大連圖書館

30591　帶經堂集九十二卷　（清）王士禎撰　（清）程哲編
清康熙四十九年至五十年（1710-1711）程氏七略書堂
刻本　遼寧省圖書館

30592　漁洋山人精華録十卷　（清）王士禎撰　清康熙三十
九年（1700）林佶寫刻本　遼寧省圖書館

30593　經義齋集十八卷　（清）熊賜履撰　清康熙二十九年
（1690）退補齋刻本　大連圖書館

30594　西陂類稿五十卷附録一卷　（清）宋犖撰　清康熙毛扆、
宋懷金、高岑刻本　遼寧省圖書館

30595　秋錦山房集十卷　（清）李良年撰　（清）李潮偕輯
清康熙三十五年（1696）刻本　大連圖書館

30596　蘆中集十卷　（清）王攄撰　清康熙刻本　王協夢題識
大連圖書館

30597　邵子湘全集三十卷　（清）邵長蘅撰　邵氏家録二卷
清康熙青門草堂刻本　瀋陽市圖書館

30598　有懷堂文藁二十二卷詩藁六卷　（清）韓菼撰　清康
熙四十二年（1703）刻本　遼寧省圖書館

30599　有懷堂文藁二十二卷詩藁六卷　（清）韓菼撰　清康
熙四十二年（1703）刻本　大連圖書館

30600　鳳池園文集八卷　（清）顧沄撰　清康熙五十年（1711）
刻本　大連圖書館

30601　曝書亭集八十卷　（清）朱彝尊撰　附録一卷　清康
熙五十三年（1714）朱稻孫刻本　遼寧省圖書館

30602　南州草堂集三十卷首一卷　（清）徐釚撰　清康熙三
十四年（1695）刻本　大連圖書館

30603　尊道堂詩鈔八卷　（清）王材任撰　清乾隆四年（1739）
玉照亭刻本　錦州市圖書館

30604　西渚詩存二卷　（清）劉沁區撰　清康熙四十三年
（1704）刻本　大連圖書館

30605　自吟亭詩稿二卷補遺一卷　（清）阮晉撰　清康熙五
十五年（1716）刻本　大連圖書館

30606　彭麓詩鈔不分卷　（清）成達可撰　稿本　遼寧省圖
書館

30607　御製詩初集十卷二集十卷　（清）聖祖玄燁撰
（清）高士奇等編　清康熙四十二年（1703）宋犖揚
州詩局刻本　大連圖書館

30608　御製詩三集八卷　（清）聖祖玄燁撰　（清）高士
奇等編　清康熙五十五年（1716）李煦蘇州詩局刻
本　大連圖書館

30609　御製避暑山莊詩二卷　（清）聖祖玄燁撰　（清）揆
敘等注　（清）沈崳繪圖　清康熙五十一年（1712）
内府刻朱墨套印本　遼寧省圖書館

30610　御製文初集四十卷總目五卷二集五十卷總目六卷三集五
十卷總目六卷　（清）聖祖玄燁撰　（清）張玉書等編
清康熙五十三年（1714）内府刻本　大連圖書館

30611　葆璞堂詩集四卷　（清）胡煦撰　清乾隆三十七年（1772）刻本　錦州市圖書館

30612　御製盛京賦一卷　（清）高宗弘曆撰　（清）鄂爾泰等注　清乾隆八年（1743）武英殿刻朱墨套印本　遼寧省博物館

30613　御製盛京賦一卷　（清）高宗弘曆撰　（清）鄂爾泰注　清乾隆八年（1743）武英殿刻朱墨套印本　遼寧省圖書館

30614　御製盛京賦一卷　（清）高宗弘曆撰　（清）鄂爾泰注　清乾隆八年（1743）武英殿刻朱墨套印本　遼寧省圖書館

30615　御製冰嬉賦一卷　（清）高宗弘曆撰　清乾隆十年（1745）武英殿刻朱墨套印本　遼寧省圖書館

30616　御製冰嬉賦一卷　（清）高宗弘曆撰　清乾隆十年（1745）武英殿刻朱墨套印本　遼寧省圖書館

30617　含中集五卷　（清）李鍇撰　稿本　遼寧省圖書館　存三卷（一至三）

30618　花間堂詩鈔八卷　（清）允禧撰　稿本　盧世端跋　遼寧省圖書館

30619　十甌齋詩稿七種　（清）李本杜撰　稿本　孫葆田題識　大連圖書館

30620　螢光集不分卷　（清）黃花瘦人撰　清談麂漁抄本　遼寧師範大學圖書館

30621　唐四家詩八卷　（清）汪立名編　清康熙三十四年（1695）汪立名刻本　大連圖書館

30622　唐人選唐詩二十三卷　（明）毛晉輯　清康熙三十二年（1693）黃虞學稼草堂刻本　遼寧省圖書館

30623　唐詩百名家全集三百二十六卷　（清）席啓寓編　清康熙席氏秦川書屋自刻本　遼寧省圖書館

30624　雲間二韓詩十八卷　（清）曹炳曾輯　清康熙五十六年（1717）城書室刻本　大連圖書館

30625　文選六十卷　（南朝梁）蕭統輯　（唐）李善注　清乾隆三十七年（1772）葉氏海録軒刻朱墨套印本　魯迅美術學院圖書館

30626　文選瀹注三十卷　（南朝梁）蕭統輯　（明）閔齊華瀹注　（明）孫鑛評閱　清雍正十年（1732）城山堂刻本　遼寧省博物館

30627　玉堂才調集三十一卷　（清）于鵬翀輯　清康熙刻本

30628　玉堂才調集三十一卷　（清）于鵬翀輯　清康熙得月樓刻本　瀋陽市圖書館

30629　詩林韶濩二十卷　（清）顧嗣立輯　清康熙四十四年（1705）顧氏秀野草堂刻本　遼寧省圖書館

30630　御定歷代題畫詩類一百二十卷　（清）陳邦彥輯　清康熙四十六年（1707）揚州詩局刻陳邦彥進呈本　大連圖書館

30631　歷朝名媛詩詞十二卷　（清）陸昶輯　清乾隆三十八年（1773）紅樹樓刻本　瀋陽師範大學圖書館

30632　名文小品冰雪携六卷　（清）衛泳輯　清順治十一年（1654）刻本　遼寧省圖書館

30633　御選唐宋文醇五十八卷　（清）高宗弘曆選　（清）允禄等輯　清乾隆三年（1738）武英殿刻四色套印本　遼寧省圖書館

30634　兩漢策要十二卷　（宋）陶叔獻編　清乾隆五十六年（1791）張朝樂刻本（卷三未刻）　遼寧省圖書館

30635　王荆公唐百家詩選二十卷　（宋）王安石輯　清康熙四十三年（1704）雙清閣宋犖、丘迥刻本　遼寧省圖書館

30636　唐詩解五十卷詩人爵里一卷　（明）唐汝詢輯　清順治十六年（1659）萬笈堂刻本　遼寧省圖書館

30637　御選唐詩三十二卷目録三卷　（清）聖祖玄燁輯　陳廷敬等輯注　清康熙五十二年（1713）内府刻朱墨套印本　遼寧省圖書館

30638　唐詩英華二十二卷　（清）顧有孝輯　清初顧氏寧遠堂刻本　遼寧省圖書館

30639　唐賢三昧集三卷　（清）王士禛輯　清蘿延齋刻本　遼寧省博物館

30640　唐賢三昧集三卷　（清）王士禛輯　清康熙刻本　瀋陽師範大學圖書館

30641　御定全唐詩録一百卷　（清）徐倬　徐元正編　清康熙四十五年（1706）揚州詩局刻徐倬進呈本　遼寧師範大學圖書館

30642　中晚唐詩叩彈集十二卷續集三卷　（清）杜詔　杜庭珠輯　清康熙四十三年（1704）采山亭刻本（缺序首半頁、卷十二第三十至三十一頁）　大連圖書館

30643　元詩選初集一百十四卷首一卷二集一百三卷三集一百

三卷　（清）顧嗣立輯　清康熙三十三年至五十九年（1694-1720）顧氏秀野草堂刻本　遼寧省圖書館

30644　列朝詩集乾集二卷甲集前編十一卷甲集二十二卷乙集八卷丙集十六卷丁集十六卷閏集六卷　（明）錢謙益輯　清順治九年（1652）毛氏汲古閣刻本　遼寧省圖書館

30645　明詩綜一百卷　（清）朱彝尊輯　清康熙刻雍正朱氏六峰閣印本　遼寧省圖書館

30646　明詩綜一百卷　（清）朱彝尊輯　清康熙刻雍正朱氏六峰閣印本　遼寧師範大學圖書館

30647　明詩別裁集十二卷　（清）沈德潜　周準輯　清乾隆四年（1739）刻本　遼寧省博物館

30648　可儀堂古文選　（清）俞長城評點　清乾隆二十四年（1759）金閶書業堂刻本　瀋陽市圖書館

30649　皇清文穎一百卷首二十四卷目録六卷　（清）張廷玉等輯　清乾隆十二年（1747）武英殿刻本　遼寧省圖書館

30650　新安二布衣詩八卷　（清）王士禛選　清康熙四十三年（1704）汪洪度等刻本　遼寧省圖書館

30651　姚江逸詩十五卷　（清）黄宗羲輯　清康熙南雷懷謝堂刻五十七年（1718）倪繼宗重修本　大連圖書館

30652　續姚江逸詩十二卷　（清）倪繼宗輯　清康熙六十一年（1722）倪繼宗小雲林刻本　大連圖書館

30653　雪鴻堂文集十八卷　（清）李蕃撰　清康熙五十七年（1718）刻本　大連圖書館

30654　范文正公忠宣公全集七十三卷　（宋）范仲淹　范純仁撰　清康熙四十六年（1707）歲寒堂刻本　大連圖書館

30655　東山偶集一卷　（清）曹三德撰　清抄本　鄧之誠題識　遼寧省圖書館

30656　清綺軒詞選十三卷　（清）夏秉衡輯　清乾隆刻本　遼寧省圖書館

30657　詞律二十卷　（清）萬樹撰　清康熙二十六年（1687）萬氏堆絮園刻本　遼寧省圖書館

30658　西堂樂府六種七卷　（清）尤侗撰　清康熙刻本　瀋陽師範大學圖書館

30659　吳吳山三婦合評牡丹亭還魂記二卷　（明）湯顯祖撰　（清）陳同　談則評點　（清）錢宜參評　清

30660　吳吳山三婦合評牡丹亭還魂記二卷　（明）湯顯祖撰　（清）陳同　談則評點　（清）錢宜參評　清康熙刻本　瀋陽師範大學圖書館

30661　廿一史彈詞註十卷　（明）楊慎撰　（清）張三异增訂　（清）張仲璜注　明紀彈詞註一卷　（清）張三异撰　（清）張仲璜注　清雍正五年（1727）張坦麟刻本　胡嗣瑗題識　遼寧省圖書館

30662　納書楹曲譜正集四卷續集四卷補遺四卷外集二卷　（清）葉堂撰　清乾隆五十七年（1792）、五十九年（1794）葉氏納書楹刻本　遼寧省圖書館

30663　新定九宮大成南北詞宮譜八十一卷總目三卷閏集一卷　（清）周祥鈺　鄒金生等輯　清乾隆十一年（1746）允禄刻朱墨套印本　遼寧省圖書館

30664　新定九宮大成南北詞宮譜八十一卷總目三卷閏集一卷　（清）周祥鈺　鄒金生等輯　清乾隆十一年（1746）允禄刻朱墨套印本　瀋陽音樂學院圖書館

30665　新編録鬼簿二卷　（元）鍾嗣成撰　清康熙四十五年（1706）揚州詩局刻本　王國維校　遼寧省圖書館

30666　聊齋志異十六卷　（清）蒲松齡撰　清乾隆三十一年（1766）青柯亭刻本　遼寧省圖書館

少數民族文字珍貴古籍

30667　四書六卷　（清）高宗弘曆敕譯　清乾隆六年（1741）内府刻本　滿文　遼寧省圖書館

30668　四書六卷　（清）高宗弘曆敕譯　清乾隆六年（1741）内府刻本　滿文　遼寧省圖書館

30669　四書六卷　（清）高宗弘曆敕譯　清乾隆六年（1741）内府刻本　滿文　遼寧省圖書館

30670　滿漢字清文啓蒙四卷　（清）舞格等撰　（清）程明遠校梓　清雍正八年（1730）刻本　滿漢合璧　瀋陽故宮博物院

30671　清文鑑二十卷綱目四卷序一卷　（清）聖祖玄燁撰　清康熙四十七年（1708）内府刻本　滿文　遼寧省圖書館

30672　御製清文鑑二十卷　（清）拉錫等編　清康熙五十六年（1717）内府刻本　滿文　遼寧省圖書館

30673 御製滿蒙文鑑二十卷總綱四卷 （清）拉錫等編 清内府刻本 滿蒙合璧 遼寧省圖書館

30674 實録内摘抄舊清語 清乾隆武英殿刻本 滿文 遼寧省圖書館

30675 蒙古源流八卷 （清）小徹辰薩囊台吉撰 清乾隆四十二年（1777）武英殿刻本 蒙文 遼寧省圖書館

30676 蒙古源流八卷 （清）小徹辰薩囊台吉撰 清乾隆四十二年（1777）武英殿刻本 滿文 遼寧省圖書館

30677 外藩蒙古回部王公表傳一百二十卷 （清）國史館理藩院編纂 清嘉慶七年（1802）武英殿刻本 蒙文 遼寧省圖書館

30678 外藩蒙古回部王公表傳一百二十卷 （清）國史館理藩院編纂 清嘉慶七年（1802）武英殿刻本 蒙文 遼寧省圖書館

30679 欽定續纂外藩蒙古回部王公功績表傳二十四卷 （清）潘世恩等編纂 清道光十九年（1839）武英殿刻本 蒙文 遼寧省圖書館

30680 欽定理藩院則例六十三卷通例二卷總目二卷 （清）塞尚阿等修 清道光二十九年（1849）武英殿刻本 蒙文 遼寧省圖書館

30681 皇清開國方略三十二卷首一卷 （清）阿桂等纂 清乾隆五十一年（1786）武英殿刻本 滿文 遼寧省圖書館

30682 皇清開國方略三十二卷首一卷 （清）阿桂等纂 清乾隆五十一年（1786）武英殿刻本 滿文 遼寧省圖書館

30683 平定金川方略二十六卷 （清）來保等纂 清乾隆十七年（1752）武英殿刻本 滿文 遼寧省圖書館

30684 平定兩金川方略一百三十六卷 （清）阿桂等纂 清乾隆刻本 滿文 遼寧省圖書館

30685 平定兩金川方略一百三十六卷 （清）阿桂等纂 清乾隆刻本 滿文 遼寧省圖書館

30686 平定準噶爾方略前編五十四卷正編八十五卷續編三十二卷紀略一卷 （清）傅恒等纂 清乾隆三十五年（1770）武英殿刻本 滿文 遼寧省圖書館

30687 平定準噶爾方略前編五十四卷正編八十五卷續編三十二卷紀略一卷 （清）傅恒等纂 清乾隆三十五年（1770）武英殿刻本 滿文 遼寧省圖書館

30688 大清會典二百五十卷 （清）允禄等纂 清雍正十年（1732）武英殿刻本 滿文 遼寧省圖書館

30689 欽定大清會典則例一百八十卷 （清）允祹等纂 清乾隆二十九年（1764）武英殿刻本 滿文 遼寧省圖書館

30690 欽定戶部旗務則例十二卷 （清）傅恒等纂 清乾隆三十四年（1769）武英殿刻本 滿文 遼寧省圖書館

30691 欽定中樞政考三十一卷 （清）鄂爾泰等纂修 （清）文福等譯 清乾隆八年（1743）武英殿刻本 滿文 遼寧省圖書館

30692 大清律續纂條例二卷 （清）允禄等纂 清乾隆二十六年（1761）武英殿刻本 滿文 遼寧省圖書館

30693 大清律續纂條例二卷 （清）允禄等纂 清乾隆二十六年（1761）武英殿刻本 滿文 遼寧省圖書館

30694 大清律例四十七卷 （清）董誥等纂 清乾隆五十五年（1790）武英殿刻嘉慶七年（1802）增修本 滿文 遼寧省圖書館

30695 大清律例四十七卷 （清）董誥等纂 清乾隆五十五年（1790）武英殿刻嘉慶七年（1802）增修本 滿文 遼寧省圖書館

30696 督捕則例二卷 （清）徐本等纂 （清）明德等譯 清乾隆八年（1743）武英殿刻本 滿文 遼寧省圖書館

30697 督捕則例二卷 （清）徐本等纂 （清）明德等譯 清乾隆八年（1743）武英殿刻本 滿文 遼寧省圖書館

30698 督捕則例二卷 （清）徐本等纂 （清）明德等譯 清乾隆八年（1743）武英殿刻本 滿文 遼寧省圖書館

30699 上諭八旗十三卷 （清）世宗胤禛撰 （清）允禄等輯 清雍正九年（1731）内府刻乾隆六年（1741）武英殿續刻本 滿文 遼寧省圖書館

30700 上諭八旗十三卷 （清）世宗胤禛撰 （清）允禄等輯 清雍正九年（1731）内府刻乾隆六年（1741）武英殿續刻本 滿文 遼寧省圖書館

30701 諭行旗務奏議十三卷 （清）世宗胤禛撰 （清）允禄等輯 清雍正九年（1731）武英殿刻乾隆六年（1741）武英殿續刻本 滿文 遼寧省圖書館

30702 諭行旗務奏議十三卷 （清）世宗胤禛撰 （清）允禄等輯 清雍正九年（1731）武英殿刻乾隆六年（1741）武英殿續刻本 滿文 遼寧省圖書館

30703　曆象考成　清内府刻本　蒙文　遼寧省圖書館

30704　滿漢西廂記四卷　（元）王實甫撰　（清）佚名譯
　　　　清康熙四十九年（1710）刻本　滿漢合璧　遼寧省圖
　　　　書館

30705　御製避暑山莊詩二卷　（清）聖祖玄燁撰　（清）揆
　　　　叙等注　清康熙五十一年（1712）内府刻本　滿文
　　　　大連圖書館

遼寧省第三批
珍貴古籍圖録

漢文珍貴古籍

檀弓

上篇

古者死於他邦郭無親
朋友為之祖免仲子
舍適立庶父兄不依
正檀弓以為猶無親
也故為之免以示讚
兗以布廣寸後項中
而前交於頷又却向
後而繞作醫本五世
之服

何居只是何也
與夜如何共同
義何也則方何
居則圓

疊一句法使人
悟其意

公儀仲子之喪檀弓免焉仲子舍其孫而立其
子檀弓曰何居我未之前聞也趨而就子服伯
子於門右曰仲子舍其孫而立其子何也伯子
曰仲子亦猶行古之道也昔者文王舍伯邑考
而立武王微子舍其孫腯而立衍也夫仲子亦
猶行古之道也子游問諸孔子孔子曰否立孫

一

檀弓

上篇

公儀仲子之喪檀弓免焉仲子舍其孫而立其
子檀弓曰何居我未之前聞也趨而就子服伯
子於門右曰仲子舍其孫而立其子何也伯子
曰仲子亦猶行古之道也昔者文王舍伯邑考
而立武王微子舍其孫腯而立衍也夫仲子亦
猶行古之道也子游問諸孔子孔子曰否立孫

30002　三經評注五卷　（明）閔齊伋輯　明萬曆閔齊伋刻三色套印本

遼寧省圖書館

周易卷第一

宋 眉山蘇軾傳

上經

乾下
乾上

乾元亨利貞。初九潛龍勿用。

乾之所以取于龍者以其能飛能潛也飛者
其正也不得其正而能潛非天下之至健其
孰能之

九二見龍在田利見大人。

飛者龍之正行也天者龍之正處
也見而在田明其可安而非正也

易傳卷第一

上經

一

30003　周易八卷　〔宋〕蘇軾傳　王輔嗣論易一卷　〔三國魏〕王

弼撰　明凌氏刻朱墨套印本　遼寧省圖書館

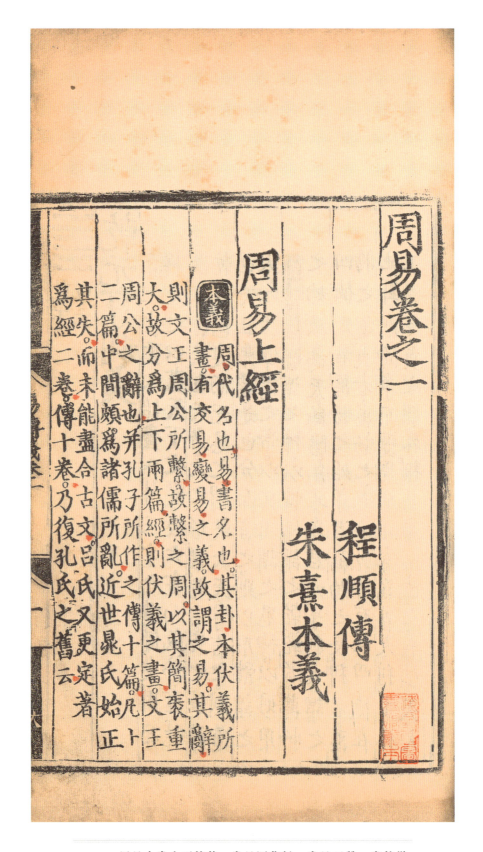

30004　周易十卷上下篇義一卷易圖集録一卷易五贊一卷筮儀

一卷　（宋）程頤傳　（宋）朱熹本義　明正統十二年（1447）司禮監刻本（卷三補抄一頁）　遼寧省圖書館

玩易意見卷之一

上經

乾卦彖曰大哉乾元萬物資始乃統天本義謂彖即

文王所繫之辭卦下元亨利貞是也意見以為此

彖曰者是彖傳乃孔子釋彖之辭非彖之本文也

餘卦放此

乾六爻文言皆是孔子自設為問答之辭不應稱子

曰意見以為子字乃後人之所加非孔子自述也

坤彖曰牝馬地類行地无彊柔順利貞君子攸行傳

30005 玩易意見二卷 〔明〕王恕撰 明抄本 大連圖書館

袁了凡曰此篇
文字極雅馴古
來第一史筆

東坡書傳卷一

虞書

堯典第一

昔在帝堯聰明文思

聰者無所不聞明者無所不見文者其法度也

思者其智慮也

光宅天下

聖人之德如日月之光貞一而無所不及也

將遜于位

東坡書傳　卷一

30006　**東坡書傳二十卷**　（宋）蘇軾撰　明凌濛初刻朱墨套印本　遼寧省圖書館

東坡九日此篇
文字極雅馴古
來第一史筆

東坡書傳卷一

虞書

堯典第一

昔在帝堯聰明文思

聰者無所不聞明者無所不見文者其法度也

思者其智慮也

光宅天下

聖人之德如日月之光貞一而無所不及也

將遜于位

東坡書傳 卷一

30007　東坡書傳二十卷　（宋）蘇軾撰　明凌濛初刻朱墨套印本　遼寧省圖書館

考工記通卷上

考工記上

宣城　徐昭慶穆如　輯註

梅鼎祚禹金　校閱

吳氏曰周官非火於秦也其亡久矣盖

自周轍東遷之後諸侯惡其害已而滅

去其籍是以太平鉅典不聞於孔門學

者之傳習亦不見於先秦傳記之所紀

載遺言湮没誠可嘆也其亦幸而煨燼

一

30008　考工記通二卷　（明）徐昭慶輯注　明萬曆刻本　大連圖書館

儀禮考註卷之一

元翰林學士　臨川　吳澄幼清　考定

翰林脩撰　吉豐　羅倫彝正　校正

後學　滄溪　周華　校梓

士冠禮

儀禮正經

士冠禮第一

第一

鄭氏曰童子任職居士位年二十而冠主人玄冠朝服則

是仕於諸侯天子之士朝服皮帛素積古者四民世事士

之子恆爲士冠禮於五禮屬嘉禮大小戴及劉向別録皆

第一

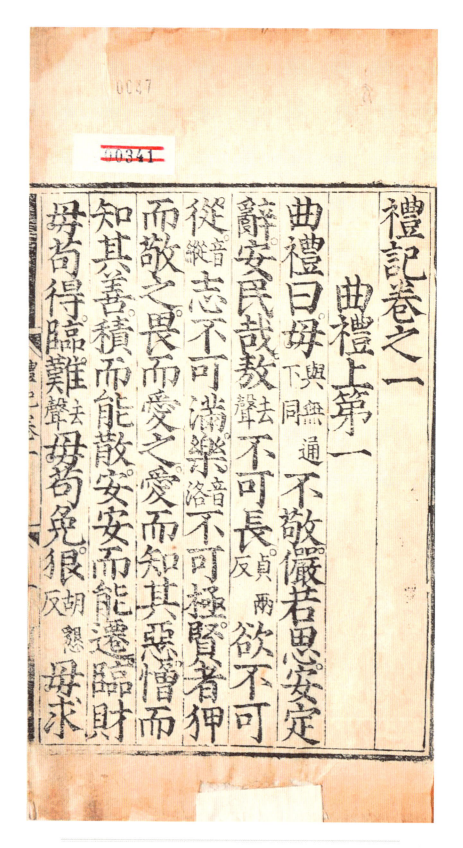

毋苟得臨難毋苟免狠胡懇反毋求

知其善積而能散安安而能遷臨財

而敬之畏而愛之愛而知其惡憎而

從縱音志不可滿樂洛音不可極賢者狎

辭安民哉教去聲不可長反貞兩欲不可

曲禮曰毋與盘下同與盘通不敬儼若思安定

曲禮上第一

禮記卷之一

新刊京本禮記纂言卷之一

小戴記

○曲禮第一

臨川 吳文正公 纂言

呂氏大臨曰曲禮之細也禮云經禮三百曲禮三千中

庸云禮儀三百威儀三千曲禮者威儀之謂經禮葢若祭

祀朝聘饗燕冠婚喪紀之禮今儀禮是也曲禮葢以小大

尊卑親踈長幼並行兼舉今禮記是也所載孔子門人傳

授雜收於遺編斷簡者朱子曰經禮今之儀禮其存者十

七篇而其逸者猶有投壺奔喪遷廟釁廟中霤等篇其不

可爲者又有古經增多三十九篇而明堂陰陽王史氏記

數十篇及河間獻王所輯禮樂古事多至五百餘篇儻或

猶有逸在其間者且以春官所領五禮之目約之則其初

固當有三百餘篇矣曲禮則皆禮之微文小節如今曲禮

禮記纂言 曲禮一卷

30011　新刊京本禮記纂言三十六卷　（元）吳澄撰　明崇禎二年（1629）
張養刻本　大連圖書館

禮樂合編卷之一

　　錫山日齋黃　廣無蛙父纂述
　　未齋華琪芳芳侯父叅閲

禮樂本紀

帝曰咨四岳有能典朕三禮僉曰伯夷帝曰俞咨伯
汝作秩宗夙夜惟寅直哉惟清伯拜稽首讓于夔龍
帝曰俞往欽哉
帝曰夔命汝典樂教胄子直而溫寬而栗剛而無虐
簡而無傲詩言志歌永言聲依永律和聲八音克諧

30012　禮樂合編三十卷　〔明〕黃廣撰　明崇禎六年〔1633〕玉磬齋
刻本　大連圖書館

聖壽萬年曆卷之一

鄭世子臣載堉謹撰

步發歛第一

嘉靖甲寅歲為曆元

臣謹按甲寅者即所謂閼逢攝提格之歲也古人曆法多以

此為距筭蓋甲寅於五行為木於五常為仁木為五行之始

仁為五常之首是故重之斷取近距命為元也

元紀四千五百六十

後漢志註引先儒宋氏曰紀即元也四千五百六十者五行

相代一終之大數也王者即位或遇其統或不值其數故一

之以四千五百六十為甲寅之終也自堯元年甲辰歲推而

上之六百五十年得此甲寅歲命為紀也

30013　樂律全書十五種　〔明〕朱載堉撰　明萬曆鄭藩刻本　大連圖書館

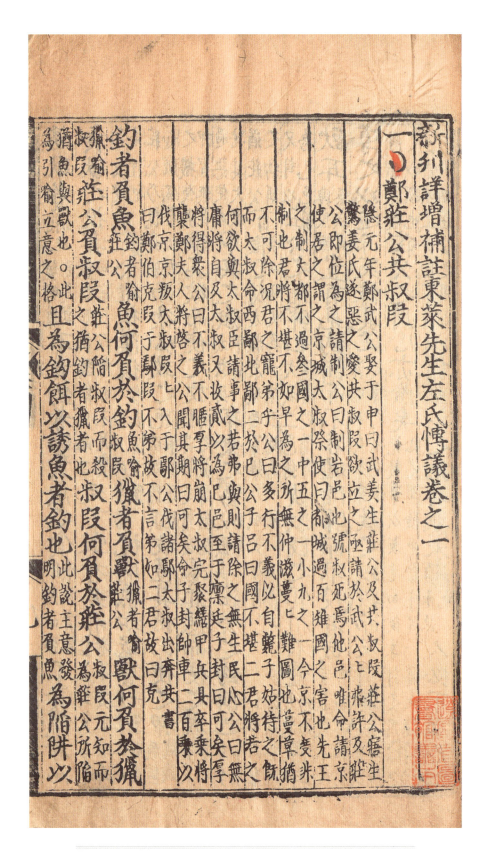

新刊詳增補註東萊先生左氏博議卷之一

一 鄭莊公共叔段

隱元年鄭武公娶于申曰武姜生莊公及共叔段莊公寤生驚姜氏遂惡之愛共叔段欲立之亟請於武公公弗許及莊公即位為之請制公曰制巖邑也虢叔死焉他邑唯命請京使居之謂之京城太叔

祭仲曰都城過百雉國之害也先王之制大都不過參國之一中五之一小九之一今京不度非制也君將不堪公曰姜氏欲之焉辟害對曰姜氏何厭之有不如早為之所無使滋蔓蔓難圖也蔓草猶不可除況君之寵弟乎公曰多行不義必自斃子姑待之

既而太叔命西鄙北鄙貳於己公子呂曰國不堪貳君將若之何欲與太叔臣請事之若弗與則請除之無生民心公曰無庸將自及太叔又收貳以為己邑至于廩延子封曰可矣厚將得眾公曰不義不暱厚將崩

太叔完聚繕甲兵具卒乘將襲鄭夫人將啟之公聞其期曰可矣命子封帥車二百乘以伐京京叛太叔段段入于鄢公伐諸鄢五月辛丑太叔出奔共

書曰鄭伯克段于鄢段不弟故不言弟如二君故曰克稱鄭伯譏失教也謂之鄭志不言出奔難之也

釣者負魚 莊公釣者喻莊公陷叔段而殺之獵者獵者喻莊公陷叔段而殺之

魚何負於釣 叔段魚獸喻叔段段元知而莊公所陷

獵者負獸 莊公為獵公為釣公所陷

獸何負於獵 猶鈎與餌也此為引喻立意之格

且為鈎餌以誘魚者釣也 明鈎者負魚為陷阱以

為引喻與戲也。 為引喻與戲也

30014　新刊詳增補註東萊先生左氏博議二十五卷　〔宋〕呂祖謙撰　明正德六年（1511）劉氏安正堂刻本　遼寧省圖書館

春秋左傳

隱公

孫月峰先生批點

○惠公元妃孟子孟子卒繼室以聲子生隱公宋

武公生仲子仲子生而有文在其手曰爲魯夫

人故仲子歸于我生桓公而惠公薨是以隱公

立而奉之

元年春王正月

元年春王周正月不書即位攝也

三月公及邾儀父盟于蔑

春秋左傳隱公

一

自此起至攝
也總是釋不
書即位之義
文氣甚貫宜
附元年經後
不宜止據傳
人故仲子歸
于元年字截置
經前

30015　春秋左傳十五卷 　（明）孫鑛批點　明萬曆四十四年（1616）

閔齊伋刻朱墨套印本　遼寧省圖書館

自此起至攝也總是釋不書即位之義文氣甚貫宜附元年經後不宜止疆傳元年字截置元年經前

春秋左傳 孫月峯先生批點

隱公

○惠公元妃孟子孟子卒繼室以聲子生隱公宋武公生仲子仲子生而有文在其手曰爲魯夫人故仲子歸于我生桓公而惠公薨是以隱公立而奉之

元年春王正月

元年春王周正月不書即位攝也

三月公及邾儀父盟于蔑

春秋左傳 隱公

30016 **春秋左傳十五卷** （明）孫鑛批點 明萬曆四十四年（1616）

閔齊伋刻朱墨套印本 遼寧省圖書館

春秋集註卷第一

臨江張洽

杜氏曰春秋者魯史記之名也史之所記必表
年以首事年有四時故錯舉以為所記之名也

隱公
名息姑惠公之子毋聲子諡法不尸其位也
○左氏傳惠公元妃孟子卒
繼室以聲子生隱公宋武公生仲子仲子
生而有文在其手曰為魯夫人故仲子歸于我
生桓公而惠公薨是以隱公立而奉之於是焉
桓公幼諸大夫戁大夫是技隱而立隱公人立而
辭立則未知桓之將必得立之故且如桓立則
恐諸大夫之不能相幼君也凡既不行於
天下於是因魯春秋子曰正夫子不易之大法平於
桓立也○伊川程子曰百王不能復興先王之
王東遷在位五十一年卒不能復興先王
業王道絕矣孟子曰王者之迹熄而詩亡詩

30017　春秋集註十一卷綱領一卷 　（宋）張洽撰　明抄本　遼寧省圖書館

30018　春秋集傳大全三十七卷序論一卷春秋二十國年表一卷諸國興廢說一卷　（明）胡廣等輯　明永樂內府刻本　遼寧省圖書館

春秋通志卷之一

明國子監祭酒汝南蔡毅中註

隱公

惠公庶子諱息姑姬姓侯爵自伯禽始受封
傳二十二世至惠公惠公元妃孟子早卒次
妃聲子生隱公宋仲子生桓公末年請
命于王朝以仲子爲夫人惠公薨桓公幼隱
攝國在位十一年諡法不尸其位曰隱時至
平王王迹熄矣隱公攝位正當其時故夫子
作春秋
始于隱

元年

春秋通志卷之一

30019　春秋通志十二卷　（明）蔡毅中撰　明天啓六年（1626）刻本

大連圖書館

孟子

梁惠王

孟子見梁惠王王曰叟不遠千里而來亦將有
以利吾國乎孟子對曰王何必曰利亦有仁義
而巳矣王曰何以利吾國大夫曰何以利吾家
士庶人曰何以利吾身上下交征利而國危矣
萬乘之國弑其君者必千乘之家千乘之國弑
其君者必百乘之家萬取千焉千取百焉不爲

(眉批, 右上朱文): 此篇皆引君 以當道得進 諫之體 籠兩段作波 瀾乾徹上文

(朱批): 一句截住 婉切 嚴繁 道諫

孟子上

一

30020　**孟子二卷**　〔宋〕蘇洵批點　明萬曆四十五年（1617）閔齊伋刻三色套印本　遼寧省圖書館

大學 大舊音泰 今讀如字

朱熹章句

子程子曰。大學孔氏之遺書而初學入

德之門也。於今可見古人爲學次第者

獨賴此篇之存而論孟次之學者必由

是而學焉則庶乎其不差矣。

大學之道在明明德在親民在止於至善。 程子

曰親當作新。○大學者大人之學也。明。明之也。

也。明德者人之所得乎天而虛靈不昧。以具

衆理而應萬事者也。但爲氣禀所拘人欲所

蔽則有時而昏然其本體之明。則有未嘗息

者。故學者當因其所發而遂明之。以復其初

也。新者革其舊之謂也。言既自明其明德。又

30021 大學章句一卷或問一卷中庸章句一卷或問一卷論語集注
十卷孟子集注七卷 （宋）朱熹撰 明刻本 遼寧省圖書館

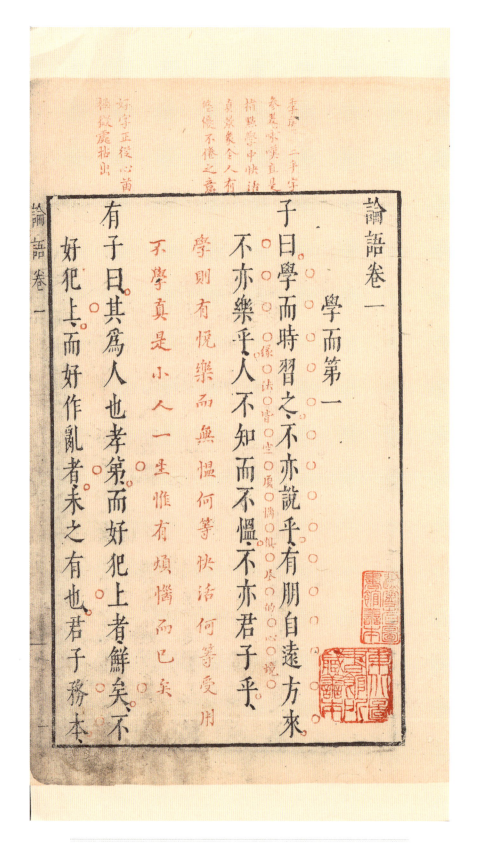

30022　四書參十九卷　（明）李贄撰　（明）楊起元等評　（明）張明憲
等參訂　明刻朱墨套印本　遼寧省圖書館

焦氏四書講録大學卷之一

翰林脩撰　　　　　　　　　　　　　　　　　　　　　　　　　　　　　　　　　　　　　椅園　焦竑　著

翰林編脩　　　　　　　　　　　　　　　　　　　　　　　　　　　　　　　　　　　　　九我　李廷機　校

大學之道一節

此孔子以大人之學示學者大人是自天子至于庶人皆有

箇身心意知皆有天下國家之任者也其任大故其學大其

學大故其道大明明德親民止至善盛德大業備矣是之謂

大學之道而成其爲大人者也

明明德上明字是工夫即下明德的明字更不用他字可見

只是復此明德之本體別無所加益親民親字程朱二子訓

作新字時文且依他説若論理還當依舊作親字陽明子之

章子閣書大學

古臨章世純大力著

社友陳際泰大士

羅萬藻文止

艾南英千子參

門人劉斯陛士雲訂

大學之道在明明德

理通於衆則高明光大謂之明德其數期仁義禮智

孝弟忠信之類是也夫事所共爲其迹耶明置而不

30024　章子留書六卷　（明）章世純撰　明天啓七年（1627）刻本　大連
圖書館

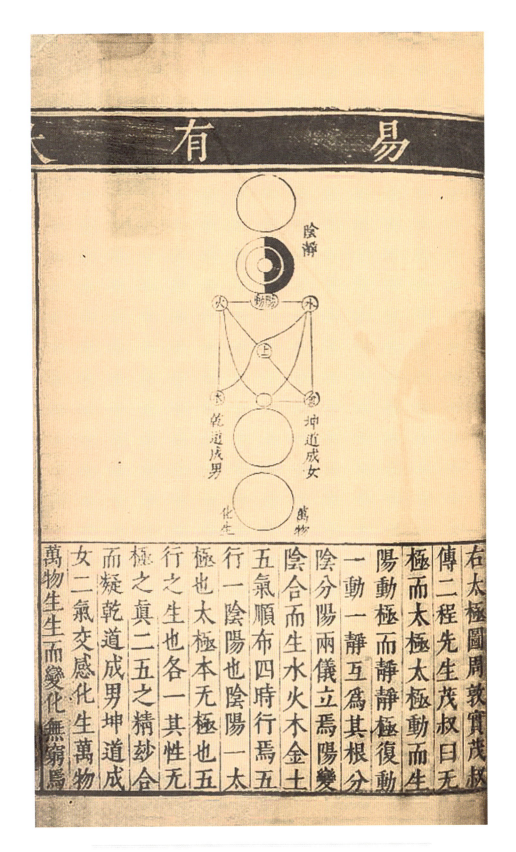

易有文

右太極圖周敦實茂叔

傳二程先生茂叔曰无

極而太極太極動而生

陽動極而靜靜極復動

一動一靜互爲其根分

陰分陽兩儀立焉變

陰合而生水火木金土

五氣順布四時行焉五

行一陰陽也陰陽一太

極也太極本无極也五

行之生也各一其性无

極之真二五之精妙合

而凝乾道成男坤道成

女二氣交感化生萬物

萬物生生而變化無窮焉

30025　重刻六經圖六卷　〔宋〕楊甲撰　〔宋〕毛邦翰補　明萬曆四十三

年（1615）刻本　桂馥跋　許瀚批校　大連圖書館

191
26~6
34276

爾雅卷之上

晉　郭璞景純註　明

葉自本茂叔重訂

郎奎金公在糾譌

釋詁第一

初、哉、首、基、肇、祖、元、胎、俶、落、權輿，始也。

尚書曰三月哉生魄詩曰令終有俶又曰俶載南畝又曰胡不承權輿落者謂宮室始成祭之禮有落毛血此皆見義例耳行者故今皆通見

林、烝、天、帝、皇、王、后、辟、公、侯，君也。

弘、廓、宏、溥、介、純、夏、幠、厖、墳、嘏、丕、奕、洪、誕、戎、駿、假、京、碩、濯、訏、宇、穹、壬、路、淫，大也。

爾雅卷之上

30026　**爾雅二卷**　（晉）郭璞注　明天啓六年（1626）郎氏堂策檻刻五
雅本　陸和九批校題跋　遼寧師範大學圖書館

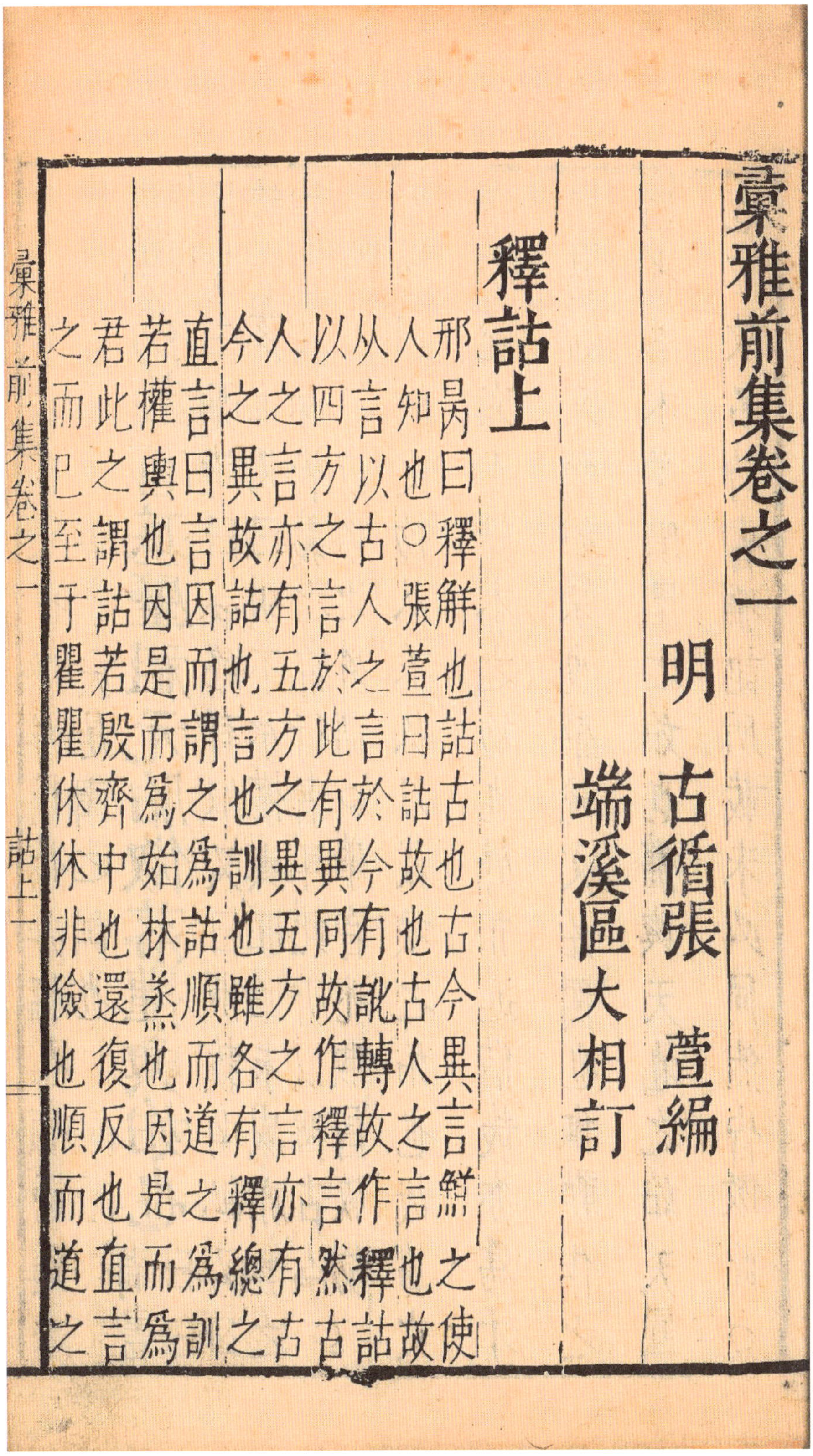

彙雅前集卷之一

明　古循張　萱編

端溪區大相訂

釋詁上

邢昺曰釋解也詁古也古今異言解之使人知也○張萱曰詁故也古人之言也故从言以古人之言於今有訛轉故作釋詁以四方之言於此有異同故作釋言然古人之言亦有五方之異五方之言亦有古今之異故詁也言也訓也雖各有釋總之直言曰言因而謂之爲詁順而道之爲訓若權輿也因是而爲始林烝也因是而爲君此之謂詁若殷齊中也還復反也直言之而已至于瞿瞿休休非儉也順而道之

彙雅前集卷之一　詁上一　一

30027　彙雅前集二十卷　（明）張萱撰　明萬曆三十三年（1605）

刻本　大連圖書館

重刊許氏說文解字五音韻譜卷一

上平聲一

一 德紅切 東
二 古紅切 工
三 敕戎切
四 方戎切 風
五 直弓切
六 羽弓切 熊
七 居戎切
八 居戎切
九 疾容切 從
十 力鍾切 龍

30028　重刊許氏說文解字五音韻譜十二卷 〔宋〕李燾撰　明萬曆
刻本　大連圖書館

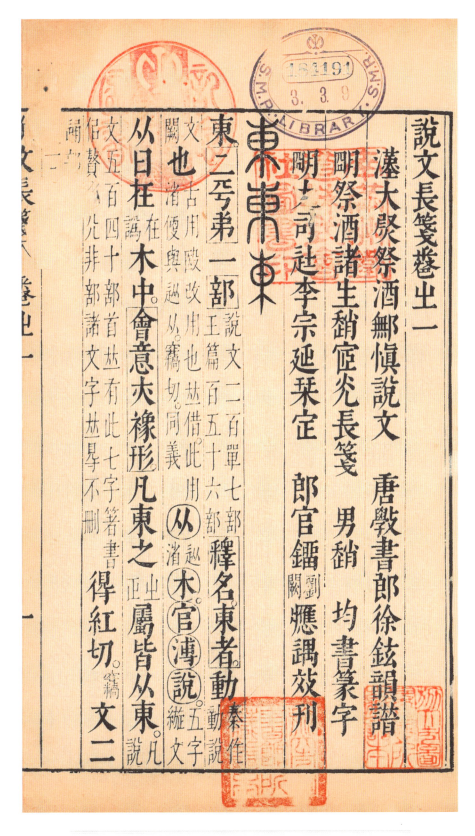

30029　說文長箋一百卷首二卷解題一卷六書長箋七卷　（明）趙
宧光撰　明崇禎四年（1631）趙均小宛堂刻本　大連圖書館

六書正譌　平聲上

元鄱陽周伯琦編注
明海陽胡正言訂篆

一東

一

公　沽紅切　背厶爲公　从八从厶　八猶背
也　厶郎私字　會意　漢呂紀呂訟音公　別

作公非
也

谷音兗
作谷非也

空　枯公切　竅也　从穴工聲　又空
同山名　空侯漢樂器名　又上聲

六書正譌　二　上平東

十竹齋

30030　六書正譌五卷　（元）周伯琦撰　明崇禎七年（1634）胡正言十竹
齋刻本　大連圖書館

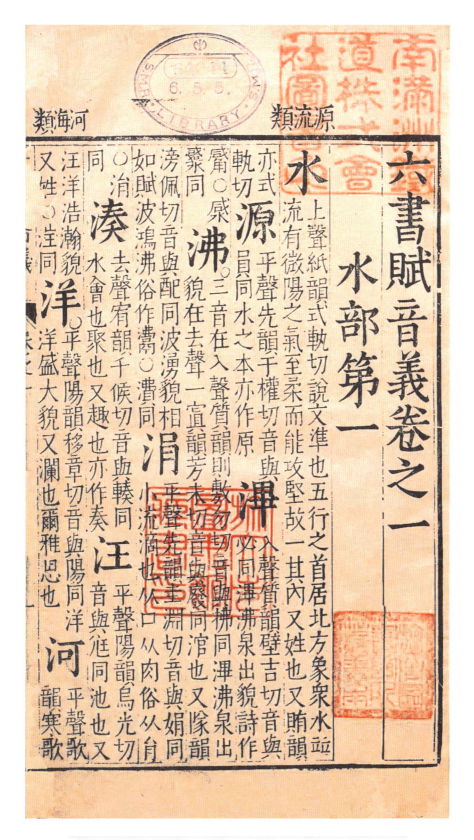

30031　六書賦音義二十卷首一卷　（明）張士佩撰　明萬曆三十年（1602）刻本　大連圖書館

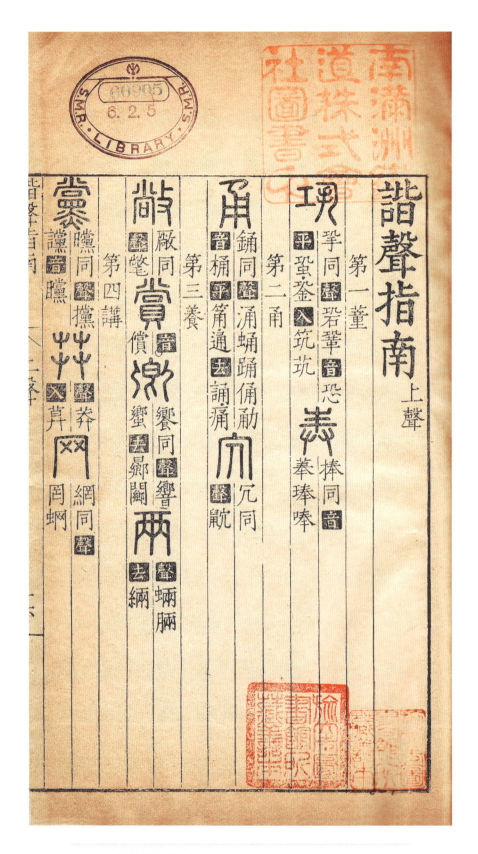

30032　諧聲指南不分卷　（明）吳元滿撰　明萬曆十二年（1584）

刻本　大連圖書館

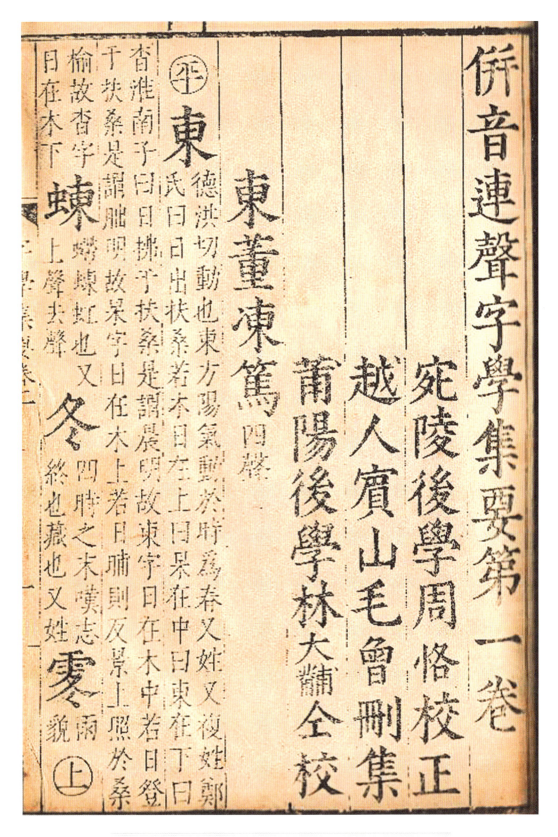

30033　併音連聲字學集要四卷　（明）陶承學撰　明萬曆二年（1574）

周恪刻本　大連圖書館

唐順之曰泰興誡
字而宗譜不立及
漢司馬遷修史記
上述黃帝下迄麟
趾採世本系而
作帝紀採周國
語而作周家由是
諸乃知姓氏之所
人乃知姓氏之所
出

史記評林卷之一

○五帝本紀第一

吳興凌稚隆輯校

裴駰曰凡是徐氏姓名以別之餘者

悉是駰註解并集眾家○司馬貞索隱曰

本其事而記之故曰本紀又紀理也

紀者記也○帝王書稱紀者言為後代綱

也緫絲縷有紀而帝王書稱紀者言為後

紀者記也○鄭玄註中候敕省圖云德配

正義曰鄭玄註中候敕省圖云德配天地在

帝坐星者○正義曰帝王世紀中候敕省圖云天地合

黃帝顓頊帝嚳唐堯虞舜為五帝譙周應劭宋均皆同

正不在私曰本大戴禮以

宋均皆同而孔安國尚書序伏犧神農黃帝為三皇

紀孫氏註世本亦以伏犧神農黃帝為三皇

天子吳顓頊本紀高辛唐虞為五帝裴松之史目云五帝

少子吳顓頊本紀諸羼繫之年月名之故曰五帝

日本紀者次序也統理眾事繫之年月名之故曰五帝

紀第者理也統理眾事繫之年月故曰紀

本紀第一者舉數之由一者動則左史書之

右史書之正義曰左禮云動則左史書之

右史書之正義曰左禮云動則右陰故記言

唐順之曰秦既滅
李斯宗譜不立及
漢司馬遷修史記
上述黃帝下迄
趾採世本世系而
作帝紀採周譜國
語而作周家由是
人及知姓氏之所
出

史記評林卷之一
五帝本紀第一
吳興凌稚隆輯校

裴駰曰凡是徐氏義稱徐姓名以別之餘
悉是駰註解并集衆家義○司馬貞索隱者
也絲縷有紀而帝王書稱紀者言
紀者記也本其事而記之故曰本紀○鄭玄註中候敕省圖云德配天地在
五帝坐星○正義謚法云德象天地稱帝王天子自號曰三皇
紀也○正義亦帝王之書也本其事而記之故曰本

正不在私曰太史公依世本以伏犧神農黃帝為三皇
黃帝顓頊帝嚳唐堯虞舜為五帝
宋均皆同而孔安國尚書序皇甫謐帝王世家
紀孫氏註世本亦以伏犧神農黃帝為三皇
天子吳稱顓頊高辛唐虞為五帝
少昊吳稱本紀諸侯繫之年月故名之曰
紀第者次序之目一者舉數之由故曰五帝
日本紀者理衆事繫之年月名之曰
右本史書第一之正義又曰左陽故記動右陰故記言

長洲顧懋寫同邑沈玄易刊

三皇本紀第一　　　　　　　　　　　　　　　古史一

大昊伏犧氏風姓始觀天地之象鳥獸之文近取諸

身遠取諸物以畫八卦敎民嫁取儷皮以爲禮作結

繩爲罔罟以佃以漁奈犧牲服牛乘馬故曰伏犧亦

曰包犧氏伏犧以木德王天下故爲三皇首河出圖

故爲龍師而龍名居於宛丘後世所謂太昊之虛也

伏犧氏旣衰而共工氏伯九州自謂水德失五行之

叙其後神農氏興而伏犧之子孫不可復紀至周衰

有任宿須句顓臾皆風姓邑於濟上奉伏犧之祀

炎帝神農氏姜姓以火德繼木爲火師而火名故曰

30036　古史六十卷　（宋）蘇轍撰　明萬曆三十九年（1611）南京國子監

刻本　遼寧大學圖書館

高帝紀第一上

前漢書

漢 蘭臺令史 班固撰

唐正議大夫行祕書少監琅邪縣開國子顏師古注

大明南京國子監祭酒臣張邦奇司業臣江汝璧奉

吉校刊

師古曰紀理也統理數事而繫之於年月者也

高祖

荀悦曰諱邦字季邦之字曰國者應劭曰豐其鄉也沛豐邑中陽里人也

高以爲功最高而爲漢帝之太祖故特起名爲師古曰沛豐邑中陽里人也豐其鄉也應劭曰沛縣也

臣下所避以相代也

古曰邦之字曰國者師古曰沛後爲縣而豐爲縣師古曰所生故舉其本本秦泗水郡之屬縣豐者沛之聚邑耳方言高祖所生故舉其本

孟康曰豐者沛之聚邑耳

○劉敬曰予謂沛豐郡縣名史記用漢事記錄耳

以說之也此下言縣鄉邑告喻之故知邑繫於縣也

順治十六年刊　入前漢己一七

30037　前漢書一百卷　（漢）班固撰　（唐）顏師古注　明嘉靖八年至
九年（1529-1530）南京國子監刻本　遼寧省圖書館

高帝紀第一上　　　　　前漢書一

漢 蘭 臺 令 史

唐正議大夫行祕書少監琅邪縣開國子顏師古注

大明南京國子監祭酒臣張邦奇司業臣江汝璧奉

旨校刊

師古曰紀理也統理衆事而繫之於年月者也

荀悦曰諱邦字之字曰國者張晏曰禮諡法無而繫之於功最高而為漢帝之太祖故特起名焉師

高祖荀悦曰諱邦之字季邦者本秦泗水郡方言高祖所生者故擧其本縣也沛豐邑中陽里人也應劭曰豐其縣也沛其鄉也

古曰邦之字也所遷以相代也古曰邦字師古曰沛者

孟康曰後沛為郡而豐為縣之聚邑耳方言謂沛豐郡縣名史官用漢事記錄耳姓

以說波曰子謂沛之屬縣也此劉波曰子謂

臺嘉靖九年刊　□□襄已二

光武帝紀第一上

後漢書一上

宋 宣城 太守 范曄 撰

唐 章懷太子賢 註

大明南京國子監祭酒臣張邦奇司業臣江汝璧奉

旨校刊

世祖光武皇帝諱秀字文叔 禮祖有功而宗有德光武諡法能紹前業曰光克定禍亂曰武伯升次長兄伯仲叔季之次長曰茂伯仲叔季兄弟之次仲曰伏侯古今註曰秀之字文叔馬

南陽蔡陽人 故城在今隨州棗陽縣西南 南陽郡今鄧州縣也蔡陽縣

高祖九世之孫也 出自景帝生長沙定王發 長沙郡今潭州縣也文言出自景 劉放曰按文言出自景 本春陵鄉名本屬零陵 歡人黃瑾

發生舂陵節侯買

帝生長沙定王發文意不足蓋此生字當作子字

嘉靖八年刊

季漢內傳卷一

劉虞表焉馥繇傳

劉虞字伯安東海郯人也 謝承後漢書曰虞父舒丹 楊太守虞通五經東海恭

王之祖父嘉光祿勳虞初舉孝廉稍遷幽州刺史民 後

夷感其德化自鮮卑烏桓夫餘穢貊之輩皆隨時朝

貢無敢擾邊者百姓歌悅之公事去官中平初黃巾

作亂攻破冀州諸郡拜虞甘陵相綏撫荒餘以蔬儉

歙　謝陞撰

錢塘牛斗星敎

季漢內傳　卷一

30040　季漢書六十卷正論一卷答問一卷　（明）謝陞撰　明末鍾人杰
刻本　大連圖書館

帝紀第一

晉書

唐太宗文皇帝

御撰

宣帝

宣皇帝諱懿字仲達河內溫縣孝敬里人姓司馬氏
其先出自帝高陽之子重黎為夏官祝融歷唐虞夏
商世序其職及周以夏官為司馬其後程伯休父周
宣王時以世官克平徐方錫以官族因而為氏楚漢
間司馬卬為趙將與諸侯伐秦秦亡立為殷王都河
內漢以其地為郡子孫遂家焉自卬八世生征西將
軍鈞字叔平鈞生豫章太守量字公度量生潁川太

30041　晉書一百三十卷　（唐）房玄齡等撰　（唐）何超音義　明吳氏西
爽堂刻本　莫楚生跋　遼寧省圖書館

南齊書卷一

本紀第一

高帝上

太祖高皇帝諱道成字紹伯姓蕭氏小諱鬭將漢相國蕭何二十
四世孫也何子酇定侯延生侍中彪彪生公府掾章章生皓皓生
仰仰生御史大夫望之望之生光祿大夫育育生御史中丞紹紹
生光祿勳閣閣生濟陰太守闡闡生吳郡太守永永生中山相苞
苞生博士周周生蛇丘長矯矯生州從事達達生孝廉休休生廣
陵府丞豹豹生太中大夫裔裔生淮陰令整整生即丘令儁儁生
輔國參軍樂子宋昇明二年九月贈太常生皇考蕭何居沛侍中
彪免官居東海蘭陵縣中都鄉中都里晉元康元年分東海爲蘭
陵郡中朝亂淮陰令整字公齊過江居晉陵武進縣之東城里寓

30042　南齊書五十九卷　（南朝梁）蕭子顯撰　明萬曆十六年至十七年
（1588-1589）南京國子監刻明清遞修本　大連圖書館

北齊書卷一

帝紀第一

皇明右春坊右諭德兼翰林院侍講署國子監事臣李騰芳

隋太子通事舍人李百藥撰

勅重校刊

奉

神武上

齊高祖神武皇帝姓高名歡字賀六渾渤海蓨人也六

世祖隱晉玄菟太守隱生慶慶生泰泰生湖三世仕慕

容氏及慕容寶敗國亂湖率衆歸魏爲右將軍湖四

子第三子謐仕魏位至侍御史坐法徙居懷朔鎮謐生

萬曆三十四年刊

北齊書卷一

帝紀

隋書卷一

帝紀第一

高祖上

特進臣魏徵上

高祖文皇帝姓楊氏諱堅弘農郡華陰人也漢太尉震八代孫鉉
仕燕為北平太守鉉生元壽後魏代為武川鎮司馬因家焉
元壽生太原太守惠嘏生平原太守烈烈生寧遠將軍禎禎生
忠忠即皇考也皇考從周太祖起義關西賜姓普六茹氏位至柱
國大司空隋國公薨贈太保諡曰桓皇妣呂氏以大統七年六月
癸丑夜生高祖於馮翊般若寺紫氣充庭有尼來自河東謂皇妣
曰此兒所從來甚異不可於俗間處之尼將高祖舍於別館躬自
撫養皇妣嘗抱高祖忽見頭上角出徧體鱗起皇妣大駭墜高祖
於地尼自外入見曰已驚我兒致令晚得天下為人龍顏額上有

30044　隋書八十五卷　〔唐〕魏徵等撰　明崇禎八年（1635）毛氏汲古閣

刻本　羅振玉批校　大連圖書館

存八十卷（一至二十六、三十二至八十五）

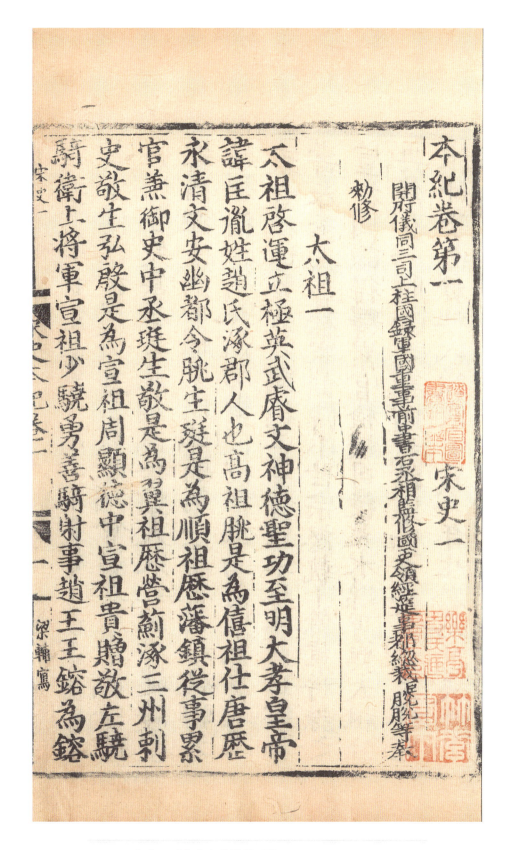

30045　宋史四百九十六卷目錄三卷　（元）脫脫等撰　明成化七年至
十六年（1471-1480）朱英刻嘉靖、萬曆南京國子監遞修本　遼寧省圖書館

本紀第一　　遼史一

元開府儀同三司上柱國前中□□□中書右丞相監修國史都總裁臣脱脱修

大明南京國子監祭酒臣張邦奇司業臣江汝璧奉

旨校刊

太祖上

太祖

太祖大聖大明神烈天皇帝姓耶律氏諱億字阿保機小

字啜里只契丹迭剌部霞瀬益石烈鄉耶律彌里人德祖

皇帝長子母曰宣簡皇后蕭氏唐咸通十三年生初母夢

日墮懷中有娠及生室有神光異香體如三歲兒即能匍

匐祖母簡獻皇后異之鞠爲已子常置於別幕塗其面不

嘉靖八年刊　　卷之一

30046　遼史一百十五卷　（元）脱脱等撰　明嘉靖八年（1529）南京國子監刻本　遼寧省圖書館

本紀第一

元開府儀同三司上柱國前中書右丞相監修國史都總裁臣脱脱修

大明南京國子監祭酒臣張邦奇司業臣江汝璧奉

旨校刊

世紀

金之先出靺鞨氏靺鞨本號勿吉勿吉古肅慎地也元魏

時勿吉有七部曰粟末部曰伯咄部曰安車骨部曰拂涅

部曰號室部曰黑水部曰白山部隋稱靺鞨而七部並同

唐初有黑水靺鞨粟末靺鞨其五部無聞粟末靺鞨始附

高麗姓大氏李勣破高麗粟末靺鞨保東牟山後爲渤海

嘉靖八年刊　金史一

30047　金史一百三十五卷目録二卷　（元）脱脱等撰　明嘉靖八年
（1529）南京國子監刻本　遼寧省圖書館

成寅

資治通鑑綱目第一

周威烈王午

起戊寅周威烈王二十三年
盡乙巳周赧王五十九年
凡百四十八年

二十三年。

趙烈侯籍六年○景侯慶六年皆始爲侯○統舊國五

新國三凡八大國

聲王當五年○閔公二十一年十七年○文侯斯二十二年

簡公十二年○烈公止康公貸二十二年

初命晋大夫魏斯趙籍韓虔爲諸侯

司馬公曰天子之職莫大於禮禮莫大於分分莫大於名何謂禮紀綱是也何謂分君臣是也何謂名公侯卿大夫是也夫以四海之廣兆民之衆受制於一人雖有絕倫之力高世之智莫不奔走而服役者豈非以禮爲之紀綱哉故天子統三公三公率諸侯諸侯制卿大夫卿大夫治士庶人貴以臨賤賤以承貴上之使下猶心腹之運手足根本之制枝葉下之事上猶手足之衛心腹枝葉之庇本根然後能上下相保而國家治安故曰天子之職莫大於禮也

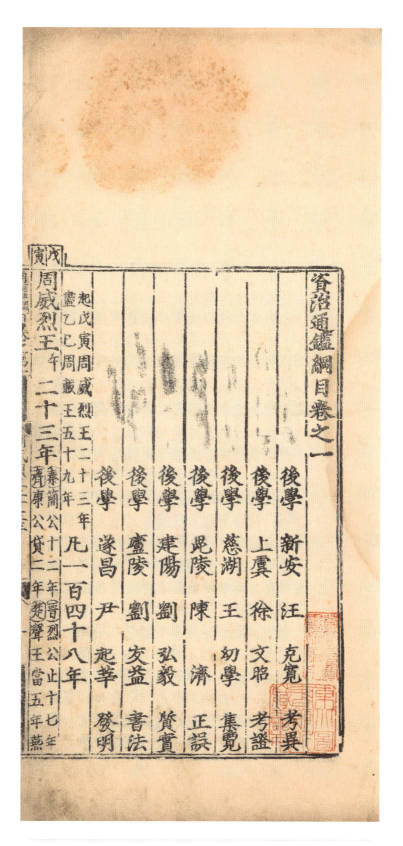

30049　資治通鑑綱目五十九卷　　〔宋〕朱熹撰　明嘉靖八年（1529）

慎獨齋刻本（卷四十一、五十八抄配）　遼寧省圖書館

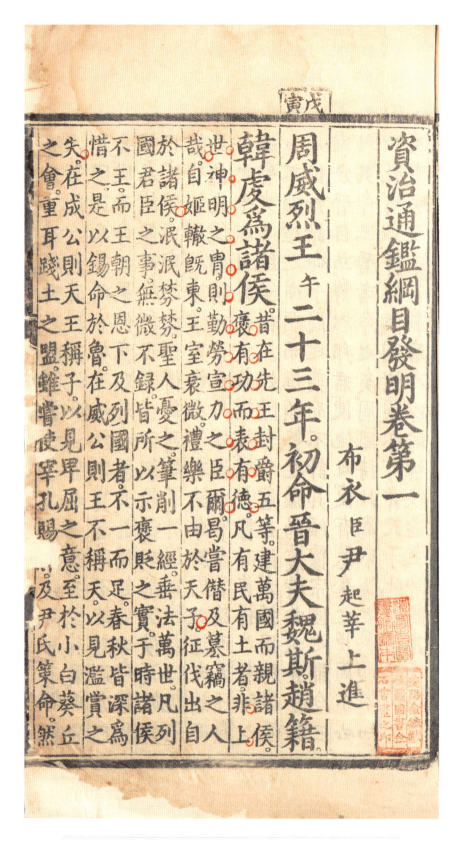

資治通鑑綱目發明卷第一

布衣臣尹起莘上進

戊寅

周威烈王 午 二十三年。初命晉大夫魏斯趙籍

韓虔爲諸侯。襄有功而表有德。凡有民有土者非上

昔在先王封爵五等。建萬國而親諸侯。

世自姬輔旣東。王室衰微。禮樂不由於天子征伐出自人

神明之胄則勤勞之臣。爾曷嘗借及墓竊之

於諸侯。泯泯棼棼聖人憂之筆削一經。垂法萬世凡列

國君臣之事無微不錄皆所以示褒貶之實于時諸侯

不王。而王朝之恩不及列國者不一而足以見濫賞之

惜之是以錫命於魯。在威公則王不稱天。以見春秋皆深爲

失在成公則天王稱子以見甲屈之意至於小白葵丘

之會。重耳踐土之盟雖嘗使使率孔賜。及尹氏策命。然

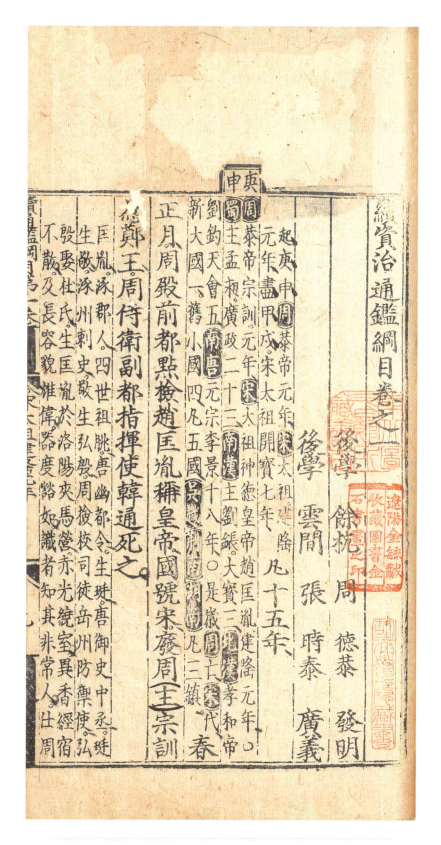

30051　續資治通鑑綱目二十七卷　（明）商輅等撰　（明）周禮發明

（明）張時泰廣義　明弘治十七年（1504）慎獨齋刻本　遼寧省圖書館

宋元通鑑卷第一

明賜進士前中憲大夫浙江按察司提學副使兩京吏禮郎中武進薛應旂編集

長洲　陳仁錫評閱

宋紀一　起庚申至壬戌凡三年

太祖一

建隆元年[周恭帝宗訓元年][周世宗柴榮廣政二][南漢主劉鋹大寶三年][北漢孝和帝劉鈞天會五年][南唐元宗李景十八年新大國一舊留小國四凡五國][吳越荊南湖南凡三鎮] 春正月

月周殿前都點檢趙匡胤稱帝匡胤涿郡人四世祖

朓唐幽都令生珽唐御史中丞珽生敬涿州刺史敬

生弘殷周檢校司徒馬軍都指揮使弘殷娶杜氏生

通鑑卷一 〇宋紀 太祖

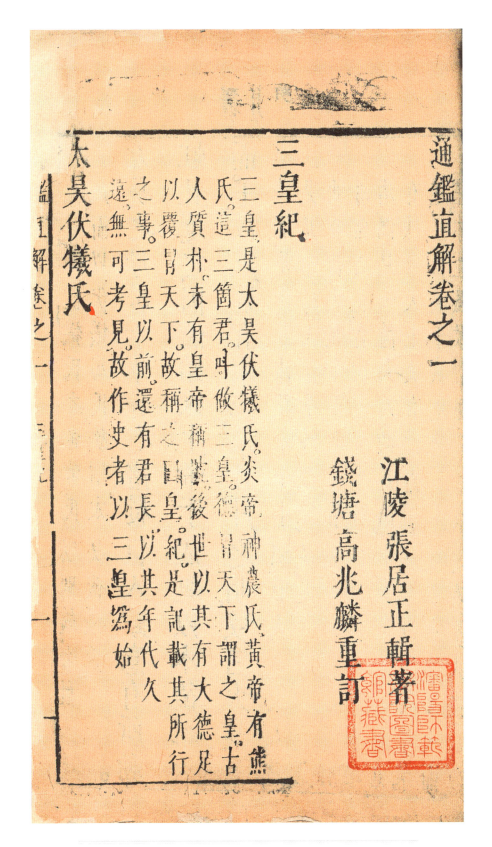

通鑑直解卷之一

江陵張居正輯著
錢塘高兆麟重訂

三皇紀

三皇，是太昊伏犧氏，炎帝神農氏，黃帝有熊氏。這三箇君，時做三皇。德冒天下，謂之皇，古之人質朴，未有皇帝稱號，後世以其有大德，足以覆冒天下，故稱之曰皇。是記載其所行之事。三皇以前，還有君長，以其年代久遠，無可考見，故作史者以三皇爲始

太昊伏犧氏

問三皇五帝
之號各一具
說何如

鼎鍥葉太史彙纂玉堂鑑綱卷之一

宋　京兆　劉恕　外紀

明　蘭谿　金履祥　前編

福唐　葉向高　彙纂

閩中　李京　訂義

建陽　劉朝箴　精校

書林　能體忠　繡梓

三皇紀

紀者記也本其事而記之故曰本紀帝王書稱紀者言為後代之綱紀也

胡一桂曰三皇之號昉於周禮外史掌三皇五帝之書而不指其名其次則見於秦博士有天皇地皇人皇之議秦去古未遠三皇之稱此或庶幾焉漢孔安國序書乃始於伏羲神農黃帝為三皇少昊顓頊高辛唐虞為五帝不知果何所本蓋孔子家語載宰我問帝易春秋內外傳有黃帝炎帝之稱曰帝亦足以表先秦未有以伏羲神農黃帝為三皇炎帝黃帝堯舜為五帝之號子家語自伏羲以下皆稱曰帝炎帝黃帝亦足以表先秦未有以伏羲神農黃帝堯舜為五帝不信傳而信經其論

常以伏羲神農黃帝為三皇至宋五峯胡氏直斷以孔子

前漢高祖皇帝紀卷第一

昔在上聖唯建皇極經緯天地觀象立法乃作書契
以通宇宙揚于王庭厥用大焉先王以光演大業肆
於時夏亦惟翼翼以監厥後永世作典夫立典有五
志焉一曰達道義二曰彰法式三曰通古今四曰著
功勳五曰表賢能於是天人之際事物之宜粲然顯
著罔不能備矣世濟其軌不殞其業損益盈虛與時
消息雖臧否不同其揆一也是以聖上穆然惟文之
邺瞻前顧後是紹是維臣悅職監秘書攝官承乏祇
奉明詔竊惟其宜謹約撰舊書通而叙之惣為帝紀
列其年月比其時事撮要舉凡存其大體言少所缺

30055　兩漢紀六十卷　（明）王鋌輯　明嘉靖二十七年（1548）黃姬水
刻本　遼寧省圖書館

昭代典則卷之一

賜進士太子少保刑部尚書晉江黃光昇編輯

吳郡陸獅之校閱

金陵周日校刊行

太祖高皇帝

壬辰　胡虜僭據宇内中華正統久絕是年

聖主起於濠州雖未即位建元然天命有在人心所歸而

中華萬年曆數即已屬之故於是年即紀我

大明以上承三皇五帝夏商周漢唐宋正統而胡虜妥懽

帖睦爾之昏亂與其四方盜賊之竊據皆我

聖主所驅除者則隨年附見其事云

昭代典則卷一

30056　昭代典則二十八卷　（明）黃光升撰　明萬曆二十八年（1600）
周日校萬卷樓刻本　大連圖書館

昭代典則卷之一

賜進士太子少保刑部尚書晉江黃光昇編輯

吳郡陸獅之校閱

金陵周日校刊行

太祖高皇帝

壬辰　胡虜僭據宇内中華正統久絶是年

聖主起於濠州雖未卽位建元然天命有在人心所歸而

中華萬年曆數卽已屬之故於是年卽紀我

大明以上承三皇五帝夏商周漢唐宋正統而胡虜妥懽

帖睦爾之昏亂與其四方盜賊之竊據皆我

聖主所驅除者則隨年附見其事云

皇明大事記卷之一

少師建極殿大學士臣朱國禎謹輯

大明大祖高皇帝家世屢歷與起兵渡江梗槪巳見

御製大政記及滁陽王傳中第天授雖奇百神雖在在

權護而中間辛苦頓挫與危迫存亡之際上絜虞舜下

較漢祖不啻過且倍之此亦自來創業之主所未有者

蓋峕方未至神龍潜淵猶可言也將至未郎至之間溷

于泥淖困於魚鰕其可奈何事既絕異語又絕於國史

見其大凡諸家不無小異爲再采摘冠於大事之首乃

若延攬英雄襃卹忠義則 太祖氣魄精神全注于此

30058　皇明史槪一百二十一卷　〔明〕朱國禎輯　明崇禎刻本　遼寧大學圖書館

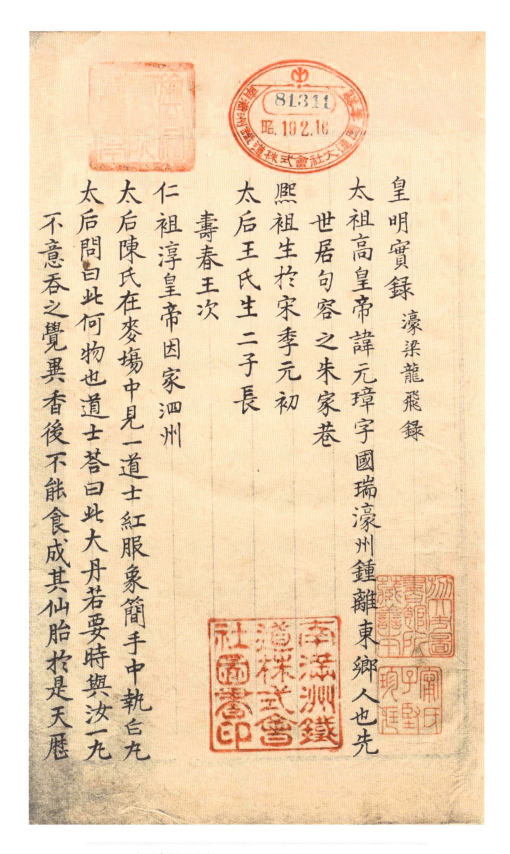

皇明實録 濠梁龍飛録

太祖高皇帝諱元璋字國瑞濠州鍾離東鄉人也先

世居句容之朱家巷

熙祖生於宋季元初

太后王氏生二子長

壽春王次

仁祖淳皇帝因家泗州

太后陳氏在麥場中見一道士紅服象簡手中執白九

太后問曰此何物也道士答曰此大丹若要時與汝一九

不意吞之覺異香後不能食成其仙胎於是天歷

30059　皇明實録不分卷　明抄本　大連圖書館

存洪武元年一月至三月，洪武二年二月至四月、六月、八月，洪武四年六月至七
月、十一月至十二月，洪武五年元月至六月、九月，洪武六年九月至十月、十二月，
洪武七年十一月，洪武八年正月至四月，洪武十年九月，洪武十二年三月至十二月，
洪武十三年六月，洪武十四年至十六年

高皇帝實錄卷之五十九

洪武三年十二月丙辰朔　戊午宥松江盜錢鶴皐餘黨初

鶴皐作亂伏誅其黨株連不已至是復遠至百五十四人法宜

皆當死　上曰賊首既誅比屑從者俱貸其死謫戍蘭州

中書省臣言西北諸虜歸附者不宜處边　蓋夷狄之情無常

方其勢窮力屈不得已而來歸及其女養閑暇不無覬覦於

其間恐一旦及側边鎮不能制也宜遷内地庶無後患

上曰凡治胡虜當順其心胡人所居習於苦寒今遷之内地

必驅而南去寒涼而即炎热失其本性支易為亂不若順而

洪武三年

30060　大明太祖高皇帝實錄二百五十七卷　（明）胡廣等纂修

明抄本　遼寧省圖書館

存十五卷（三十八至四十四、五十九至六十六）

國語第一

周

穆王將征犬戎，祭公謀父諫曰不可先王耀德不
觀兵夫兵戢而時動動則威觀則玩玩則無震是
故周文公之頌曰載戢干戈載櫜弓矢我求懿德
肆于時夏允王保之先王之於民也茂正其德而
厚其性阜其財求而利其器用明利害之鄉以文
修之使務利而避害懷德而畏威故能保世以滋
大昔我先世后稷以服事虞夏及夏之衰也棄稷

30061　國語九卷　（明）閔齊伋裁注　明萬曆四十七年（1619）閔齊伋刻
三色套印本　遼寧省圖書館

國語第一

周

穆王將征犬戎祭公謀父諫曰不可先王耀德不

觀兵夫兵戢而時動動則威觀則玩玩則無震是

故周文公之頌曰載戢干戈載櫜弓矢我求懿德

肆于時夏允王保之先王之於民也茂正其德而

厚其性阜其財求而利其器用明利害之鄉以文

修之使務利而避害懷德而畏威故能保世以滋

大昔我先世后稷以服事虞夏及夏之衰也棄稷

國語周

一

30062　國語九卷　〔明〕閔齊伋裁注　明萬曆四十七年（1619）閔齊伋刻

三色套印本　遼寧省圖書館

周語辭勝事
晉語事勝辭

前廢尚書調
兔今文祖
闡門見山
時嘗恨浞抵
伐非諱武

禮文澈似闔

平鋪

國語第一

周

穆王將征犬戎祭公謀父諫曰不可先王耀德不

觀兵夫兵戢而時動動則威觀則玩玩則無震是

故周文公之頌曰載戢干戈載櫜弓矢我求懿德

肆于時夏允王保之先王之於民也茂正其德而

厚其性阜其財求而利其器用明利害之鄉以文

修之使務利而避害懷德而畏威故能保世以滋

大昔我先世后稷以服事虞夏及夏之衰也棄稷

犬戎近鎬為
子孫憂驅而
遠之豈曰非
箕惜乎伐之
者與諫伐之
俱見不及此

周語
周

一

30063　**國語九卷**　（明）閔齊伋裁注　明萬曆四十七年（1619）閔齊伋刻
三色套印本　遼寧省圖書館

戰國策卷第一

西周

安王

嚴氏為賊而陽豎與焉道周 鮑注 出周君留之十四

日載以乘車駟馬而遣之辇使人讓周君患之

客謂周君正語直言之曰寡人知嚴氏之為賊而

陽豎與之故留之十四日以待命也小國不足以

容賊君之使又不至是以遣之也

報王

周共同 恭同 太子死有五庶子皆愛之而無適 適丁歷反 注云適專

30064　戰國策十卷　〔宋〕鮑彪校注　〔元〕吳師道補正　明刻本　遼寧
省圖書館

戰國策第一

西周

考王封弟揭於河南是為河南桓公實西周
之始時則東有王西有公而東西之名猶未
立也桓公生威公威公生惠公惠公別封少
子班於鞏以奉王號東周惠公沒亦謚惠時則西
有公亦有所食而周尚為西

一至顯王二年趙韓分周為二二周公治之
於是王直寄焉而已矣鮑氏攷之不確卽以
西周為王故此係以安王赧王而東周係以
惠公為西周武等公著在史冊獨以
不見乎安王實居東周可係之西周乎

嚴氏為賊而陽豎與焉道周周君罟之十四日載

周之無王久矣
此東西周君耳
非周王也周王
久已寄食于東
西周矣

30065　戰國策十二卷　〔明〕閔齊伋裁注　**元本目録一卷**　明萬曆四
十八年（1620）閔齊伋刻三色套印本　遼寧省圖書館

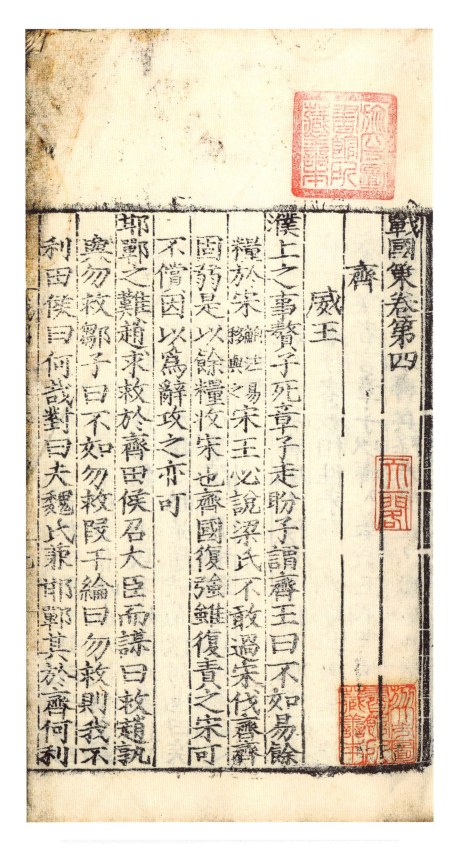

戰國策卷第四

齊

威王

濮上之事贅子死章子走盼子謂齊王曰不如易餘
糧於宋辭注易之宋王必說梁氏不敢過秦伐齊辭
固弱是以餘糧收宋也齊國復彊雖復責之宋可
不償因以爲辭攻之亦可
鄲鄲之難趙求救於齊田侯召大臣而謀曰救趙孰
與勿救鄒子曰不如勿救段干綸曰勿救則我不
利田侯曰何哉對曰夫魏氏兼鄲鄲其於齊何利

弇山堂別集卷之一

吳郡王世貞元美著

皇明盛事述叙

不佞生晚當累洽之季而又家世從纓緌後竊有志

慕說古公卿將相之盛屈指西京以還若功臣之族

鮮通籍者計獨有外戚王馬梁竇之屬雖閭貴不足

道而丞相徹矦父子相繼僅絳條韋平兩三氏而已

東京尚行誼薄華腴玄纁羔鴈施自黃耇辟書徵輪

徧於白屋而關西之楊汝南之袁乃亦有四世爲三

公者西晉之習流爲江左蔓而比魏門蔭相籍爵封

御著大狩龍飛録

告

皇天于

玄極寶殿文

維嘉靖十八年歲次己亥三月庚子朔十一日

庚戌

嗣天子臣御名祗奏于

皇天上帝

曰臣取今月之十六日命駕出京南詣湖廣之

30068　御著大狩龍飛録二卷　（明）世宗朱厚熜撰　明嘉靖十八年（1539）

朱厚煜刻本　遼寧省圖書館

皇明寶訓

任官

○甲辰十一月辛酉

太祖諭省憲官曰中書百司之綱領為大臣者

不親細事今四方未定百職事之任尚乏其

人故中書於諸事務不免煩勞昔蕭何謂高

祖曰養民以致賢此言深達理道為令之計

但使軍旅休息民得其養天下之廣豈無賢

人君子與我共理天事哉爾諸大臣尚勉輔

予無怠厥職

30069　皇明寶訓不分卷　明南雲閣抄本　李一珉跋　遼寧省圖書館

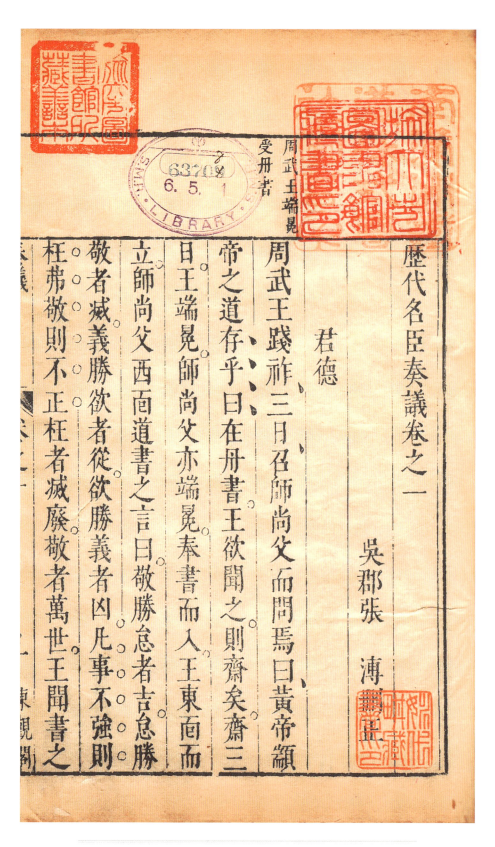

歷代名臣奏議卷之一

吳郡張　溥

君德

周武王踐祚三月召師尚父而問焉曰黃帝顓
帝之道存乎曰在丹書王欲聞之則齋矣齋三
日王端冕師尚父亦端冕奉書而入王東面而
立師尚父西面道書之言曰敬勝怠者吉怠勝
敬者滅義勝欲者從欲勝義者凶凡事不強則
枉弗敬則不正枉者滅廢敬者萬世王聞書之

30070　歷代名臣奏議三百五十卷　（明）黃淮　楊士奇等輯　（明）張

溥刪正　明崇禎東觀閣刻本　大連圖書館

右編補卷之一

明南京太僕寺少卿錢唐姚文蔚編

門人　歙　令旴姓劉　伸　南陵令當湖徐調元　校正

宣城令涪陵鮑國忠　北助教當湖馬德澧

新都門人　吳公治　吳光諭　同校

君德

宋楊萬里上孝宗奏

孝宗暚楊萬里上奏曰臣聞人王之治天下必正

其治之之王人臣之相其君必先正其必王之王正

右編補　卷之一　一　黃應淳刻

30071　右編補十卷　（明）姚文蔚輯　明萬曆三十九年（1611）劉伸等
刻本　大連圖書館

皇明兩朝疏抄卷之一

君道類一

一　獻愚忠以答　聖春疏　　　　楊一清

伏念臣章句腐儒梛浦弱質遭際　盛時父塵仕籍既
廢而與任每兼乎文武求退而進位乃曠乎台衡頃當近
悼十紀之時獲遂山林優老之頌駑駘父病豈有意於騰驤
朽木不凋分宜供於斧鑿恭遇
新皇御極圖任舊臣改任今官俾總邊鎮伏讀
制詞屢
有寬朕西顧之憂　諭夫　主憂臣辱安敢避難
用是扶疾以起千里遐征誠頴以其力之所能為者圖報

30072　皇明兩朝疏抄二十卷　　（明）賈三近輯　明萬曆十四年（1586）
蔣科等刻本　大連圖書館

修德政以弭災變疏　　方　鳳

臣聞天變之來雖或然之數而人事之感召有必然

之理故古之明王一遇災變或下罪已之詔或致省

躬之誠而不敢易以虞之也　陛下臨御以來方

及年餘災異數見遼陽大水山東山西陝西福建廣

西等處風烈星隕天鳴地震久旱疾疫死亡相繼民

困已極今年南京　內府火災延燒國學號房及百

餘間近于七月二十五日申酉時分惡風暴雨夜以

繼日冲撞搏擊天地震搖尨石飛走　　孝陵石攔

30073　**皇明留臺奏議二十卷**　（明）朱吾弼　李雲鵠等輯　明萬曆三十

三年（1605）刻本（卷一抄配）　李生馨跋　大連圖書館

萬曆疏鈔卷一

聖治類

敬獻愚忠以隆聖治疏

陸樹聲 禮部尚書 萬曆元年十二月

竊惟方今之務莫要於 聖學 臣嘗入侍經筵仰見

皇上睿哲聰明蘄蘄嚮學古所未見而密勿大臣繪

圖立說因事效忠誠有以端聖功之本矣但 臣愚以

爲學之爲道本無限也見聞日廣則義理愈見其難

窮知慮日開則趣向愈見其難定況法筵之上宸嚴

30074　萬曆疏鈔五十七卷　（明）吳亮輯　明萬曆三十七年（1609）

刻本　大連圖書館

存二十七卷（一至六、十九至三十三、四十五至五十）

滸東先生奏議卷之一　禮科給事中稿

浚儀　張鹵　著

奏議

疏三首

整祛親軍積弊疏

題爲整祛親軍積弊以嚴法守以勵人心事

近於本年正月初一日准本科關該臣巡

視

皇城臣節次會同同事諸臣巡視

皇城內外諸門仍各自不時點閱直日員役

禮科給事中臣楊天民謹

題為

累朝闕典寃竟難湮懇乞

聖明及時修舉以成

祖德以光正史事臣惟神器相承天下之

大事也名號顯赫直與天壤共敬其

跡惡可泯也國家纂修一代之大典

也紀載昭垂將一過古今為信其實惡

可枉也以大典叙大事以必不可泯

諫疏　卷一

30076　諫疏四卷　〔明〕楊天民撰　明天啓刻本　大連圖書館

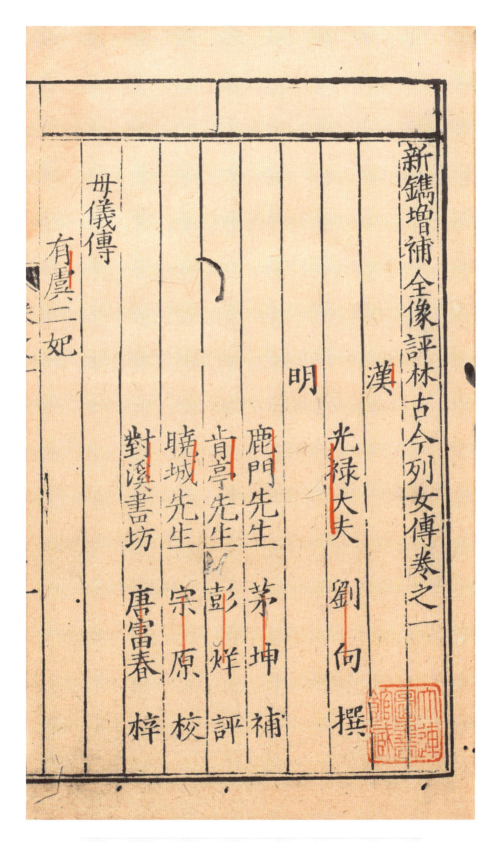

新鐫增補全像評林古今列女傳卷之一

漢　光禄大夫　劉向　撰

明　鹿門先生　茅坤　補

肯亭先生　彭烊　評

曉城先生　宗原　校

對溪書坊　唐富春　梓

母儀傳

有虞二妃

30077　新鐫增補全像評林古今列女傳八卷　〔漢〕劉向撰　〔明〕茅
坤補　〔明〕彭烊評　明萬曆十九年（1591）三台館刻本　大連圖書館

有虞二妃

有虞二妃者帝堯之二女也長娥皇次女英舜父頑母
嚚父號瞽叟弟曰象敖遊於嫚舜能諧柔之承事瞽叟
以孝母憎舜而愛象舜猶內治靡有姦意四嶽薦之於
堯堯乃妻以二女以觀厥內二女承事舜於畎畝之中
不以天子之女故而驕盈怠嫚猶謙謙恭儉思盡婦道
瞽叟與象謀殺舜使塗廩舜歸告二女曰父母使我塗
廩我其往二女曰往哉舜既治廩乃捐階瞽叟焚廩舜
往飛出象復與父母謀使舜浚井舜乃告二女二女曰
俞往哉舜往浚井格其出入從掩舜潛出時既不能殺

30078　**列女傳十六卷**　（漢）劉向撰　（明）汪道昆輯　（明）仇英繪圖
明萬曆刻清乾隆四十四年（1779）鮑氏知不足齋印本　瀋陽師範大學圖書館
漢文珍貴古籍 / 明代

唐史紀堯命義和敬授人時義仲居嵎夷理東作

義叔居南交理南訛和仲居昧谷理西成和叔居

朔方理朔易又訪四岳舉舜登庸

⊙解 唐史上記帝堯在位任用賢臣與圖治理那

時賢臣有羲氏兄弟二人和氏兄弟二人帝堯

着他四箇人敬授人時使羲仲居於東方嵎夷

之地管理春時耕作的事使羲叔居於南方交

趾之地管理夏時變化的事使和仲居於西方

昧谷之地管理秋時收成的事使和叔居於昧

30079　帝鑑圖說不分卷　　（明）張居正等撰　明刻本　遼寧大學圖書館

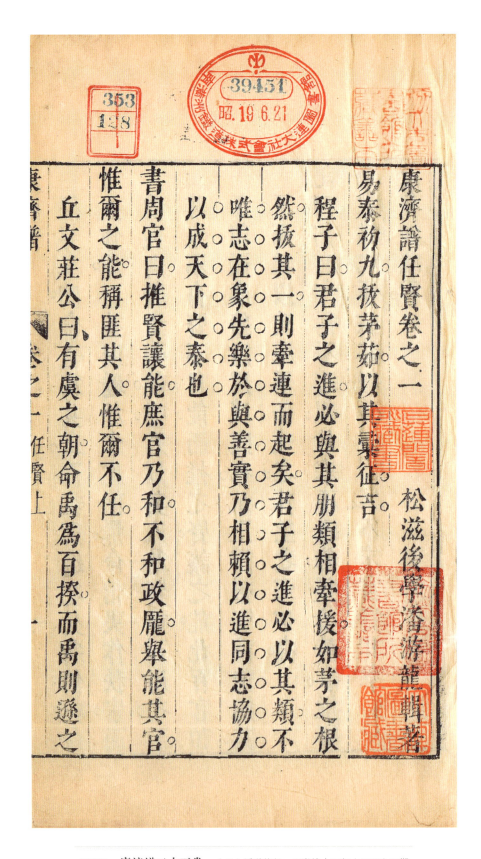

康濟譜任賢卷之一

松滋後學潘游龍輯著

易泰初九拔茅茹以其彙征吉。

程子曰君子之進必與其朋類相牽援如茅之根

然援其一則牽連而起矣君子之進必以其類不

唯志在象先樂於與善實乃相頼以進同志協力

以成天下之泰也

書周官曰推賢讓能庶官乃和不和政厖舉能其官

惟爾之能稱匪其人惟爾不任

丘文莊公曰有虞之朝命禹為百揆而禹則遜之

康濟譜

康濟譜 卷之一 任賢上

30080　康濟譜二十五卷　（明）潘游龍撰　明崇禎十三年（1640）王期
升刻本　大連圖書館

焦太史編輯國朝獻徵錄卷之一

宗室一

懿文太子傳

懿文太子母　　鄭曉

懿文太子標　高皇后元乙未九月生於太平陳

廸家上為吳王立為王世子從宋濂受經吳元年

十三矣　上遣世子及弟謁臨濠墓諭曰世稱商高

宗周成王為守成令主高宗舊勞於外成王早聞無

逸之訓皆知小民疾苦故其在位勤儉不敢驕逸兒

生長富貴習於宴安今出旁近郡縣遊覽山川經歷

田野因道途險易以知鞍馬勤勞觀小民生業以知

獻徵錄　卷之一

30081　焦太史編輯國朝獻徵錄一百二十卷　　〔明〕焦竑輯　明萬曆

四十四年（1616）徐象橒曼山館刻本　大連圖書館

本朝京省人物考卷之一

南直督學御史西浙過庭訓纂集

門人蘇松備兵副使南郡熊膏泰閱

男　過銘盤

過銘孟

過銘簠

過銘簋

北直隸順天府

董倫

寧國府學生員嚴弘志仝訂正

董倫字安常世居燕之宛平自處山林間布褐藜藿

本朝京省人物考　卷一

北直一

30082　本朝京省人物考一百十五卷　（明）過庭訓撰　明天啓二年

（1622）刻本　大連圖書館

晏子春秋 卷一

內篇

諫上

莊公奮乎勇力不顧于行義勇力之士無忌于
國貴戚不薦善逼邇不引過故晏子見公公
曰古者亦有徒以勇力立于世者乎晏子對
曰嬰聞之輕死以行禮謂之勇誅暴不避彊
謂之力故勇力之立也以行其禮義也湯武

晏子卷一

一

傳稱平仲立
朝君詔及之
即危言觀其
首諫兩公真
危言也

30083　晏子春秋六卷　明凌澄初刻朱墨套印本　遼寧省圖書館

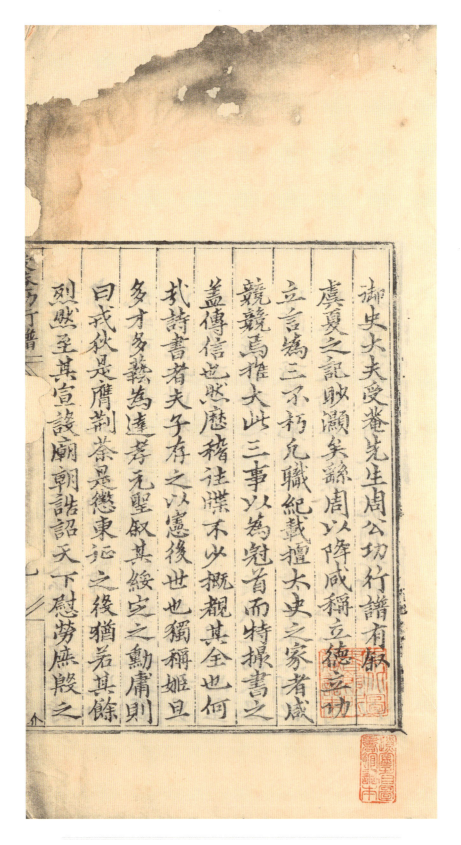

御史大夫受菴先生周公功行譜有叙

虞夏之記肫灝矣緣周以降咸稱立德立功

立言爲三不朽兄職紀載擅太史之家者咸

競競焉推大此三事以爲冠首而特撮書之

蓋傳信也然應稽註牒不少概觀其全也何

我詩書者夫子存之以憲後世也獨稱姬旦

多才多藝爲達孝无聖叙其綏安之勳庸則

曰戎秋是膺荊荼是懲東征之後猶若其餘

烈赧至其宣謨廟朝誥詔天下慰勞庶殷之

30084　受菴功行譜一卷　（明）陳昌積撰　明刻本　遼寧省圖書館

先考九霞府君之喪奉

家母命童笙吉蜡月初四日

壬寅安厝於錫山

祖塋之側先一日辛丑發引

向承

臨卭之辱敢捧志帛走

聞倘沐

30085　顧伯子葬紀不分卷　〔明〕顧祖訓輯　明隆慶三年（1569）顧氏

玄玉齋刻本　遼寧省圖書館

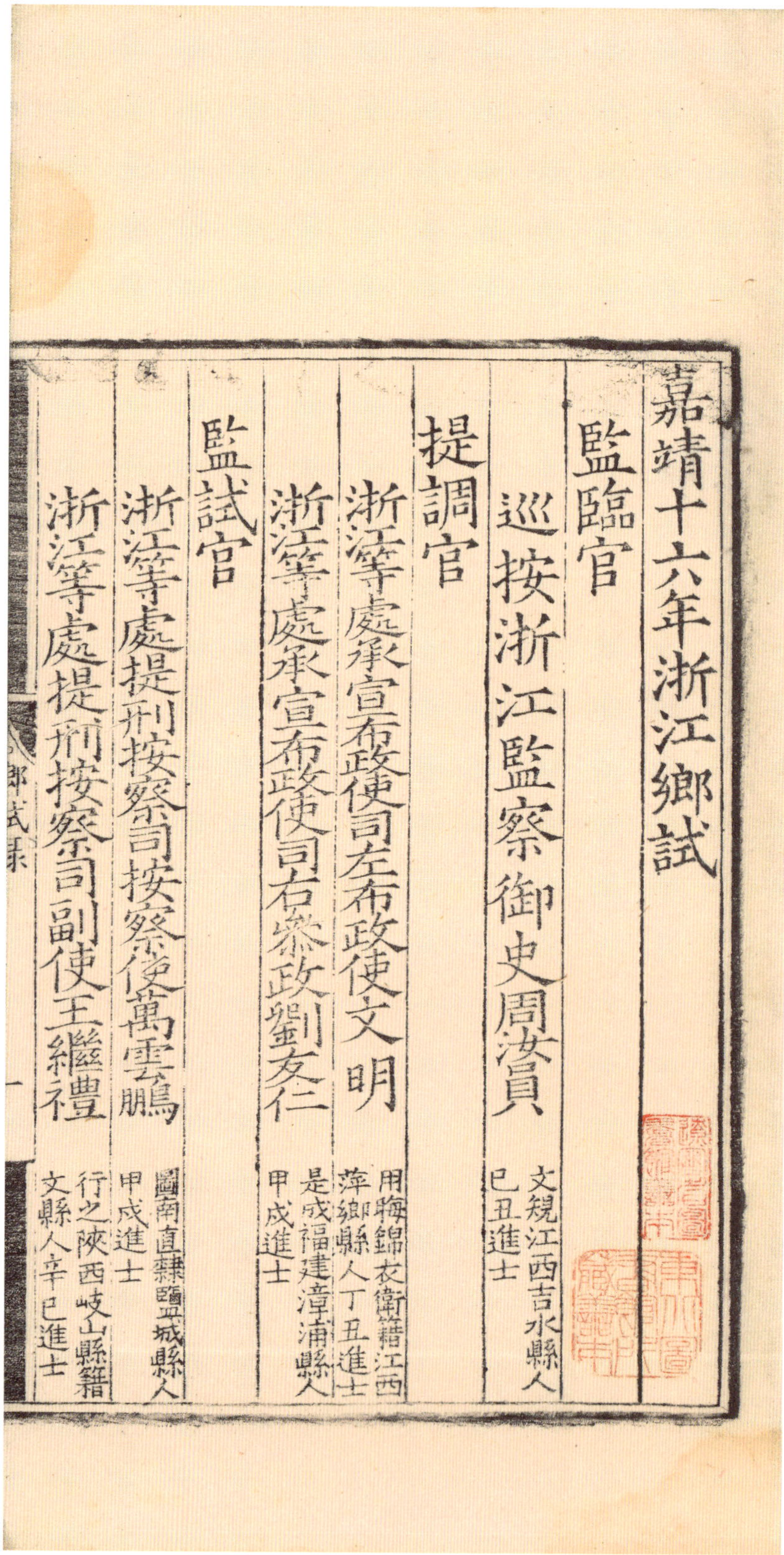
嘉靖十六年浙江鄉試

監臨官

巡按浙江監察御史周汝員　文規江西吉水縣人己丑進士

提調官

浙江等處承宣布政使司左布政使文明　用梅錦衣衛籍江西萍鄉縣人丁丑進士

浙江等處承宣布政使司右參政劉友仁　是成福建漳浦縣人甲戌進士

監試官

浙江等處提刑按察司按察使萬雲鵬　圖南直隸臨城縣人甲戌進士

浙江等處提刑按察司副使王繼禮　行之陝西岐山縣籍文縣人辛巳進士

鄉試錄　一

30086　嘉靖十六年浙江鄉試録一卷　明嘉靖刻本　遼寧省圖書館

東萊先生史記詳節卷之一

○五帝紀

黃帝

黃帝者少典之子姓公孫名軒轅生而神靈弱而能言幼而徇齊長而敦敏成而聰明時神農氏世衰諸侯相侵伐神農氏弗能征於是軒轅乃習用干戈以征不享諸侯咸來賓從而蚩尤最為暴莫能伐言蚩尤弗能禁止也蚩尤作亂不用帝命於是黃帝乃徵師諸侯與蚩尤戰於涿鹿之野遂禽殺蚩尤而諸侯咸尊軒轅為天子代神農氏是為黃帝

炎帝欲侵陵諸侯諸侯咸歸軒轅軒轅乃修德振兵治五氣五行之氣

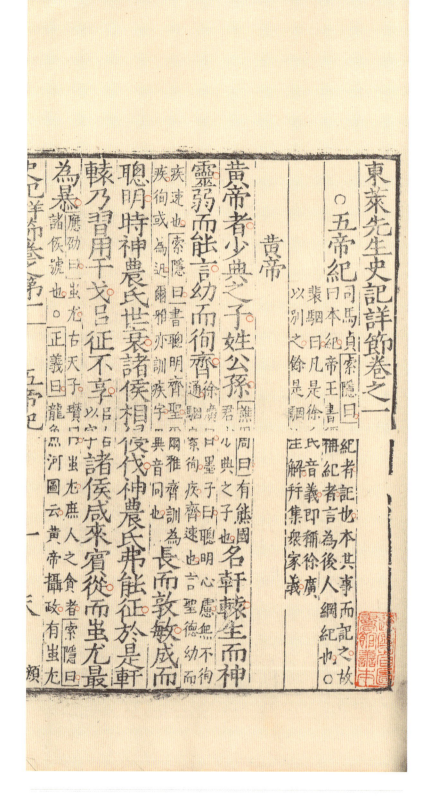

30088 十七史詳節二百七十三卷 （宋）呂祖謙輯 明嘉靖四十五年至隆慶四年

（1566-1570）陝西布政司刻本 遼寧省圖書館

存二百五十七卷（史記詳解二十卷，西漢書詳解三十卷，東漢書詳解一至十六、二十五至

三十，三國志詳解二十卷，晋書詳解三十卷，南史詳解二十五卷，北史詳解二十八卷，隋

書詳解二十卷，唐書詳解一至二十六、三十五至六十，五代史詳解十卷）

諸史品節卷之一　國語

國語一

周語

穆王將征犬戎祭公謀父諫曰不可先王耀德不觀

兵夫兵戢而時動動則威觀則玩玩則無震先王之

於民也茂正其德而厚其性阜其財求而利其器用

明利害之鄉以文修之使務利而避害懷德而畏威

故能保世以滋大昔我先世后稷以服事虞夏及夏

之衰也棄稷弗務我先王不窋用失其官而自竄于

戎翟之間守以惇篤奉以忠信奕世載德不忝前人

此記秦秋
以前事託
始於穆王
以續呂刑
云耳

唐語辯勝
事晉語事
脈辭

歷代史纂左編卷第一

明都察院右僉都御史武進唐順之編輯

浙江布政使司布政使桐城吳用先

參政 高安陳邢瞻
廬陵蕭近高全校

君

漢高祖

附田儋 彭越
盧綰 陳豨
黥布 吳芮

漢高祖劉邦字季沛豐邑中陽里人也母媼嘗息大
澤之陂夢與神遇是時雷電晦冥太公往視則交
龍於上已而有娠遂產高祖高祖為人隆準而龍顏

30090　歷代史纂左編一百四十二卷　（明）唐順之輯　明萬曆三十九年（1611）吳用先等刻本　遼寧省圖書館

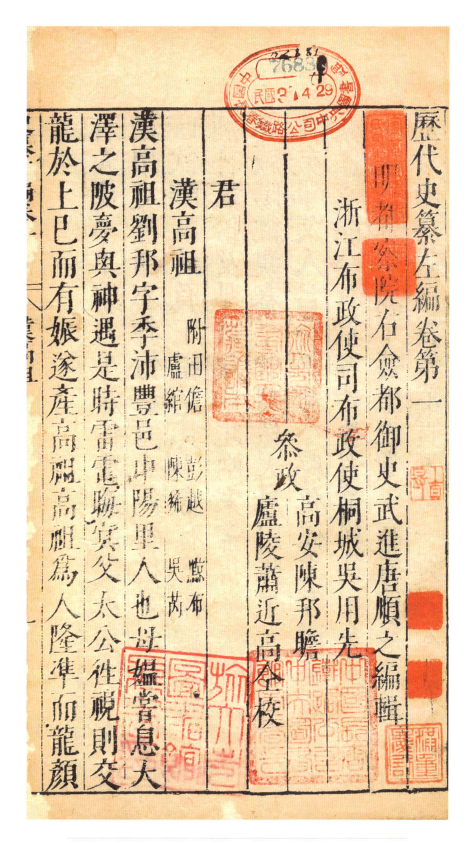

歷代史纂左編卷第一

明都察院右僉都御史武進唐順之編輯

浙江布政使司布政使桐城吳用先

參政 盧陵蕭近高 參校

高安陳邦瞻

君

漢高祖

漢高祖劉邦字季沛豐邑中陽里人也母媼嘗息大澤之陂夢與神遇是時雷電晦冥太公往視則見交龍於上巳而有娠遂產高祖高祖為人隆準而龍顏

附 田儋 彭越 黥布 盧綰 陳豨 吳芮

30091　歷代史纂左編一百四十二卷　（明）唐順之輯　明萬曆三十九年（1611）吳用先等刻本　大連圖書館

歷代史纂左編卷第一

明都察院右僉都御史武進唐順之編輯

浙江布政使司布政使桐城吳用先

參政　高安陳邦瞻

盧陵蕭近高仝校

君

漢高祖　附田儋　彭越　黥布　盧綰　陳豨　吳芮

漢高祖劉邦字季沛豐邑中陽里人也母媼嘗息大澤之陂夢與神遇是時雷電晦冥父太公往視則交龍於上已而有娠遂產高祖高祖為人隆準而龍顏

古史談菀卷之一　　　　吳郡錢世揚儷孝父纂

旌行部第一

純孝上

楊公雍伯性篤孝父母亡葬無終山因家焉山高八
十里上無水公汲水作義漿于阪頭行者飲之有一
人就飲以一斗石子與之使至高平好地有石處種
之云玉當生其中後當得好婦語畢不見乃種其石
數歲見玉子生石上人莫知也有徐氏者北平著姓
女甚有行時人求多不許公試求徐氏徐氏笑以為

二十一史論贊史記

漢　司馬遷　著

明　沈國元　閲

本紀

五帝

黃帝八代孫

即陶唐氏

舜姓姚姓禪重華

少昊己姓名摯黃帝子即金天氏

顓頊少昊孫郔姓端

放勳帝嚳子

少昊孫郔姓端放勳帝嚳子

太史公曰學者多稱五帝尚矣然尚書獨載堯以來而百家言黃

帝其文不雅馴薦紳先生難言之○孔子所傳宰予問五帝德及帝

繫姓儒者或不傳○余嘗西至崆峒北過涿鹿東漸於海南浮江淮

矣至長老皆各往往稱黃帝堯舜之處風教固殊焉總之不離古

二十一史論贊　卷之一　五帝

一劉元卿刻大來堂

30094　二十一史論贊三十六卷　（明）沈國元輯　明崇禎十年（1637）

大來堂刻本　遼寧大學圖書館

史記鈔卷之一

維昔黃帝法天則地四聖遵序名成法度唐堯遜

位虞舜不台厥美帝功萬世載之作五帝本紀第

一

黃帝者少典之子姓公孫名曰軒轅生而神靈弱

而能言幼而徇齊長而敦敏成而聰明軒轅之時

神農氏世衰諸矦相侵伐暴虐百姓而神農氏弗

能征於是軒轅乃習用干戈以征不享諸矦咸來

賓從而蚩尤最爲暴莫能伐炎帝欲侵陵諸矦諸

本紀 卷一 五帝

世遠頗無事實
但本諸子繡以
意彷彿寫未然
雅潤近經亦有
簡法 文案

晉昭悅也

30095　史記鈔九十一卷　（明）茅坤輯　明泰昌元年（1620）閔振業刻
朱墨套印本　遼寧省圖書館

簡法 文塞
雅潤近經亦有
意彷彿寫未能
但本諸子猶以
此遠煩藝

2891

史記鈔卷之一

維昔黃帝法天則地四聖遵序各成法度唐堯遜
位虞舜不台厥美帝功萬世載之作五帝本紀第
一

黃帝者少典之子姓公孫名曰軒轅生而神靈弱
而能言幼而徇齊長而敦敏成而聰明軒轅之時
神農氏世衰諸矦相侵伐暴虐百姓而神農氏弗
能征於是軒轅乃習用干戈以征不享諸矦咸來
賓從而蚩尤最爲暴莫能伐炎帝欲侵陵諸矦諸

本紀　卷一　五帝　一

30096　史記鈔九十一卷　（明）茅坤輯　明泰昌元年（1620）閔振業刻
朱墨套印本　遼寧省圖書館

増定史記纂　　　　吳興後學凌稚隆校閱

五帝本紀 [論]

此文古質奧
雅詞簡音多
而斷制不苟
蓋贊語之首
先爲超絕云
綴句連用四
其字

太史公曰學者多稱五帝尚矣然尚書獨載堯以來
而百家言黃帝其文不雅馴薦紳先生難言之孔子
所傳宰予問五帝德及帝繫姓儒者或不傳余嘗西
至空峒北過涿鹿東漸於海南浮江淮矣至長老皆
各往往稱黃帝堯舜之處風教固殊焉總之不離古
文者近是余觀春秋國語其發明五帝德帝繫姓章

30097　増定史記纂不分卷　〔明〕凌稚隆輯　明萬曆刻本　遼寧省圖書館

增定史記纂　　　　　　　　　　　　　吳興後學凌稚隆校閱

五帝本紀 論

此文古質與
雅詞簡意多
而斷制不苟
蓋贊語之首
尤爲超絕云
發句連用四
其字

太史公曰學者多稱五帝尚矣然尚書獨載堯以來
而百家言黃帝其文不雅馴薦紳先生難言之孔子（伏後案）
所傳宰予問五帝德及帝繫姓儒者或不傳余嘗西
至空峒北過涿鹿東漸於海南浮江淮矣至長老皆（以上四節著其事）
各往往稱黃帝堯舜之處風教固殊焉總之不離古
文者近是余觀春秋國語其發明五帝德帝繫姓章

30098　增定史記纂不分卷　（明）凌稚隆輯　明萬曆刻本　遼寧大學圖書館

史記摘抄卷之一

小司馬索隱補三皇紀

太皞庖犧氏風姓代燧人氏繼天而王有聖德仰
則觀象於天俯則觀法於地旁觀鳥獸之文與
地之宜近取諸身遠取諸物始畫八卦以通神
明之德以類萬物之情造書契以代結繩之政
於是始制嫁娶以儷皮為禮結網罟以教佃漁
故曰宓犧氏養犧牲以庖厨故曰庖犧氏有龍
瑞以龍紀官號曰龍師作二十五絃之瑟木德
王都於陳東封泰山立一十一年崩

30099　史記摘抄六卷補抄二卷　（明）錢鍾義輯　明萬曆刻本　大連圖書館

史記珍抄卷之一

漢太史令司馬遷著

明太史官張溥選

金壇周鍾參

張明弼

帝紀

五帝本紀 贊

太史公曰學者多稱五帝尚矣然尚書獨載堯以來

而百家言黃帝其文不雅馴薦紳先生難言之孔子

所傳宰予問五帝德及帝繫姓儒者或不傳時

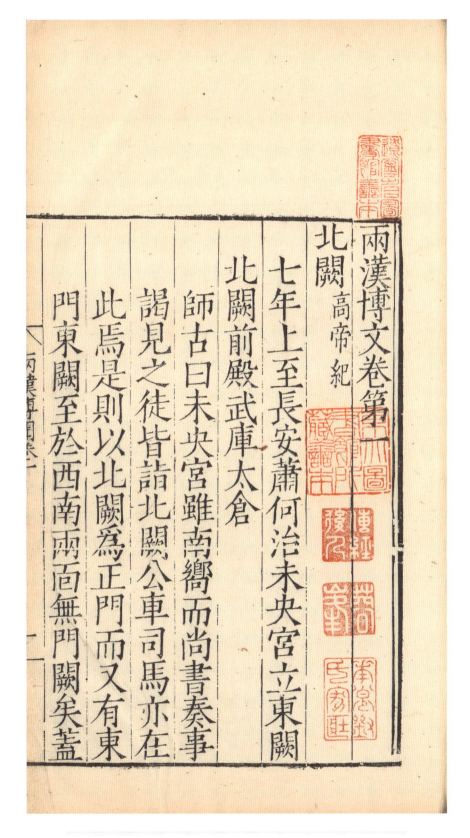

兩漢博文卷第一

北闕 高帝紀

七年上至長安蕭何治未央宮立東闕
北闕前殿武庫太倉
師古曰未央宮雖南嚮而尚書奏事
謁見之徒皆詣北闕公車司馬亦在
此焉是則以北闕爲正門而又有東
門東闕至於西南兩面無門闕矣蓋

唐之衰也天子
不能誅宦官而
崔胤等爲之外
倚疆藩藩入
宦官誅而唐亾
以亡歐陽公次
梁紀其所慕寫
殆盡而與李克
用兩爭處尤工
予故録之以見
公之史才云

歐陽文忠公五代史抄卷一

本紀

梁太祖紀

太祖神武元聖孝皇帝姓朱氏宋州碭山午溝
里人也其父誠以五經教授鄉里生三子曰全
昱存溫誠卒三子貧不能爲生與其母傭食蕭
縣人劉崇家全昱無他材能然爲人頗長者存
溫勇有力而溫尤兇悍唐僖宗乾符四年黃巢

五代史抄卷一

30102 歐陽文忠公五代史抄二十卷 （明）茅坤輯 明刻朱墨套印本

遼寧省圖書館

唐之衰也天子
不能誅官官而
崔胤等為之外
倚彊藩藩入
宣官誅而唐亦
以亡歐陽公次
梁紀其所摹寫
殆盡而與李克
用兩爭處充工
予故錄之以見
公之史矛云

歐陽文忠公五代史抄卷一

本紀

梁太祖紀

太祖神武元聖孝皇帝姓朱氏宋州碭山午溝
里人也其父誠以五經教授鄉里生三子曰全
昱存溫誠卒三子貧不能為生與其母傭食蕭
縣人劉崇家全昱無他材能然為人頗長者存
溫勇有力而溫尤兇悍唐僖宗乾符四年黃巢

五代史抄卷一

一

30103　歐陽文忠公五代史抄二十卷　（明）茅坤輯　明刻朱墨套印本

遼寧省圖書館

同州志卷之一

明雲南按察副使里人馬朴撰

輿地
星野　沿革　封域　山川

先王疆理天下厥有分土人代而遷陵谷遞更馮翊
雖謙焉如斗然關輔首善地仰詹妖祥俯稽輪廣與
山澤名蹟之錯陳設險維風之利賴不有徵術胡以
論世焉掇次於篇

星野

同州在虞夏爲雍州雍秦虓也按昔天官地志諸書
秦分屬鶉首之次自井十二度起盡二十三度過兇

同州志　卷一　一

30104　[天啓]同州志十八卷　（明）張一英　馬朴纂修　明天啓刻本

大連圖書館

韓城縣志卷之一

南京戶部尚書邑人張士佩纂修

四川威州知州邑人張士魁訂正

雍韓考

韓何眆于周左氏傳曰邗晉應韓武之穆也

而史伯亦云應韓武王之子宣王時賢其裔而禮

之故尹吉甫有韓奕之詩焉其一章曰奕奕梁山

維禹甸之有倬其道韓侯受命王親命之纘戎祖

考無廢朕命夙夜匪解虔共爾位朕命不易榦不

30105　[萬曆]韓城縣志八卷　（明）蘇進　張士佩纂修　明萬曆三十五年（1607）刻天啓三年（1623）增修本　大連圖書館

華州志卷之一

賜進士第奉政大夫知華州事前山東按察司僉事陽城李可久裁正

左華山人張光孝撰次

地里志　歷代攷　疆域　沿革表　述

歷代攷

華州古鄭地周宣王二十二年庚第曰友初封於

鄭志曰鄭又名咸林考史記鄭世家註糸本云桓

公居棫林徙拾宋忠云棫林與拾皆舊地名後乃改爲

咸林是封桓公乃名爲鄭其後桓公子武公從平王

東遷乃稱新鄭以此爲古鄭春秋時爲晉河外地

30106　[隆慶] 華州志二十四卷　（明）李可久　張光孝纂修　明萬曆
八年（1580）刻二十五年（1597）增修本　大連圖書館

紹興府志卷之一

疆域志

沿革　隸州　領縣　區界　坊里　市鎮

關　形勝

沿革　紹興古荒服國唐虞時未有名史記夏本紀曰

禹會諸侯江南計功命曰會稽會稽者會計也其後

帝少康封子無餘於會稽文身斷髮被草萊而邑焉

國號越吳越春秋曰禹周行天下還歸大越則禹時

已稱越賀循會稽記曰少康其少子號於越越國之

稱始此會稽縣志云吳越春秋殆追稱乎趙曄後漢

30107　[萬曆] 紹興府志五十卷　（明）蕭良幹　張元汴等纂修　明萬
曆刻公文紙印本　羅振玉跋　遼寧省圖書館

帝京景物畧 卷之一

遂安方逢年　定

大學石鼓

麻城劉侗

宛平于奕正　修

都城東北艮隅膽其坊曰崇教、步其街曰成賢、國
子監在焉、國初本北平府學、永樂二年改國于
監左廟右學、規制大備、彝倫堂之松、元許衡手植
也、廟門之石鼓、周宣王獵碣也、維我　太祖高皇

大學石鼓

卷一

30108　帝京景物畧八卷　〔明〕劉侗　于奕正撰　明崇禎刻本　大連圖書館

帝京景物畧　卷之一

遂安方逢年　定

宛平于奕正　修

麻城劉侗

大學石鼓

都城東北艮隅瞻其坊曰崇教步其街曰成賢國
子監在焉、國初本北平府學,永樂二年改國于
監左廟右學規制大備,彝倫堂之松,元許衡手植
也,廟門之石鼓,周宣王獵碣也,維我　太祖高皇

太學石鼓一

卷一

30109　帝京景物畧八卷　（明）劉侗　于奕正撰　明崇禎刻本　遼寧大學
圖書館

帝京景物畧卷之一

遂安方逢年　定　　麻城劉侗

宛平于奕正　修

大學石鼓

都城東北民隅瞻其坊曰崇教步其街曰成賢國

子監在焉、國初本北平府學永樂二年改國子

監左廟右學規制大備彝倫堂之松、元許衡手植

也、廟門之石鼓周宣王獵碣也、維我　太祖高皇

大學石鼓一

卷一

30110　帝京景物畧八卷　（明）劉侗　于奕正撰　明崇禎刻本　嚴啓豐

題識　大連圖書館

存四卷（一至四）

籌海圖編卷之一

明少保新安胡宗憲輯議　曾孫庠生胡維極重校

孫舉人胡燈　舉人胡鳴阿　胡階慶仝刊

輿地全圖
廣東沿海山沙圖
福建沿海山沙圖
浙江沿海山沙圖
直隸沿海山沙圖
山東沿海山沙圖
遼陽沿海山沙圖

30111　籌海圖編十三卷　（明）胡宗憲撰　明天啓四年（1624）胡維極刻本　大連圖書館

籌海圖編卷之一

明少保新安胡宗憲輯議　曾孫庠生胡維極重校

孫舉人胡燧　　舉人胡鳴剛

舉人胡階慶　全刪

輿地全圖

廣東沿海山沙圖

福建沿海山沙圖

浙江沿海山沙圖

直隸沿海山沙圖

山東沿海山沙圖

遼陽沿海山沙圖

30112　**籌海圖編十三卷**　（明）胡宗憲撰　明天啓四年（1624）胡維極

刻本　遼寧大學圖書館

岱史第一卷圖考

叙曰晉云乎圖考也考泰山之形勝而繪之為圖也夫鴻濛始判為物者萬而惟流峙最大為峙者萬而惟嶽最大為嶽者五均之巍巍峻極而惟岱岋最近則橫亘齊魯跨引江淮遠則雄峙九絃霖雨四海豈非華夷之巨觀古今之崇鎮乎顧欲以方寸赫號撼舉全勝抑何難也眹自古考方辨域必取諸圖不照則周覽不能窮其勝載籍不能紀其詳即有高雅之士與起卧游之想曷從而觀焉是用擴古證今圖諸

30113　岱史十八卷　（明）查志隆撰　（清）張緒彥輯　明萬曆十五年(1587)
戴相堯刻清順治、康熙增修本　大連圖書館

武夷山志卷之一

東魯衷仲孺訂修

名勝編

武夷以奇勝名寓內說者謂詭幻百出人工

毋論卽鬼工爲之政亦未易幽人韻士往往

獨窮其奧然或康樂之屐殊域爲囍志餘之

舳艫因未副不免索圖經以當臥遊耳于是

作名勝編

一曲 凡二十條

武夷山志 [卷之一 名勝]

武夷山志 卷之一 名勝 一

30114　武夷山志十九卷　（明）衷仲孺撰　明崇禎十六年（1643）刻本

大連圖書館

水經第一

河水一

漢 桑欽撰

後魏酈道元注

明 吳琯校

清 汪榮紳記

崑崙墟在西北

三成爲崑崙丘崑崙說曰崑崙之山三級下曰樊

桐一名板松二曰玄圃一名閬風上曰增城一名

天庭是謂太帝之居

水經

去嵩高五萬里地之中也

水經

30115　水經注四十卷　（北魏）酈道元撰　明萬曆十三年（1585）吳琯

刻本　汪龍津題記　遼寧省圖書館

吏承出身

雜職小官多出於吏員承差夫吏承上納大小

行頭供役司府州縣房中案牘止尾承行之名

堂上應答類多奔走之事通明律例者不多練

達政事者甚少文書靠積年書手招擬托慣獎

主文借公衙以支門戶緣私賄以養身家三考

肅究而此心久壞一官初授而惟利是圖豈無

賢人君子秉正持廉要之千百中十一耳嗚呼

官多甲吏吏亦自甲

30116　實政録十卷　〔明〕吕坤撰　明萬曆四十六年（1618）傅淑訓

刻本　大連圖書館

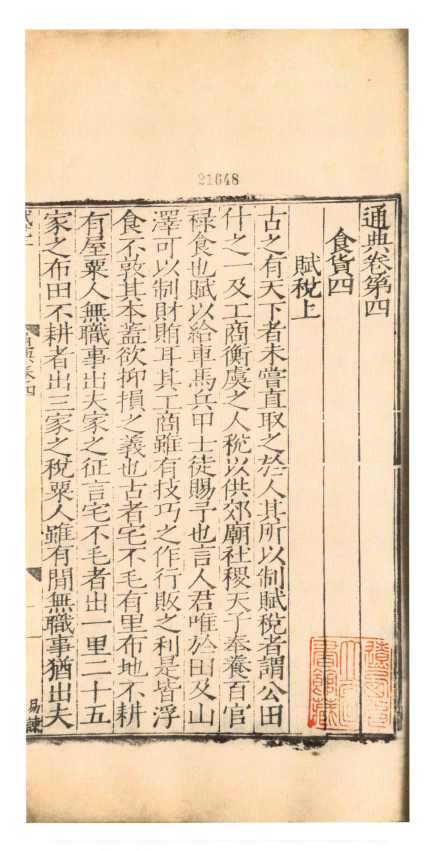

21648

通典卷第四

食貨四

賦稅上

古之有天下者未嘗直取之於人其所以制賦稅者謂公田

什之一及工商衡虞之人稅以供郊廟社稷天子奉養百官

禄食也賦以給車馬兵甲士徒賜予也言人君唯於田及山

澤可以制財賄耳其工商雖有技巧之作行販之利是皆浮

食不敦其本蓋欲抑損之義也古者宅不毛有里布地不耕

有屋粟人無職事出夫家之征言宅不毛者出一里二十五

家之布田不耕者出三家之稅粟人雖有閒無職事猶出夫

30117　通典二百卷　（唐）杜佑撰　明刻本（卷一至三抄配）　錦州市

圖書館

文獻通考卷之一

鄱陽　馬端臨　貴與　著

田賦考

堯遭洪水天下分絕使禹平水土別九州冀州厥土白壤。無塊曰壤 厥田惟中中。田第五 厥賦上上錯。賦第一錯謂雜出第二賦。之也 兗州厥土黑墳。色黑而墳起 厥田惟中下。第六 厥賦貞。賦貞正也與九州相當 作十有三載乃同。治水十三年乃有賦法與他州同 青州厥土白墳。厥田惟上下。第三 厥賦中上。第四 徐州厥土赤埴墳。土黏曰埴 厥田惟上中。第二 厥賦中中。第五 揚州厥土惟塗泥。地泉濕 厥田惟下下。九 厥賦下上錯。雜出第七

文獻通考卷之一

田賦考

宋都陽　馬端臨高貴與著

明鄱陽　馮天駿應房校刊

堯遭洪水天下分絕使禹平水土別九州冀州厥土白壤曰無塊

厥田惟中中第五田厥賦上上錯出第一之賦謂雜出第二之賦第一錯

色黑而厥田惟中下第六厥賦貞貞正也賦正與九州第九作十有三載乃

墳起水十三年乃有青州厥土白墳厥田惟上下第三厥賦中上

同治賦法與他州同兗州厥土黑墳厥田惟中中第五厥賦中上

篆西徐州厥土赤埴墳土黏厥田惟上中第二厥賦中中第六荊州厥

土惟塗泥厥田惟下中第八厥賦上下第三豫州厥土惟壤下土墳

土惟塗泥地泉厥田惟下下第九厥賦下上第七雜揚州厥

壚壚壚疎也者厥田惟中上第四厥賦錯上中第五雜梁州厥土

青黎色青黑也厥田惟下上第七厥賦下中三錯第八雍州

厥土黃壤厥田上上第一厥賦中下第六九州之地定墾者九百一

吳應龍寫

劉爰

皇明制書卷之一

　　　　　巡撫保定等府兼提督紫荊等關都察院右副都御史臣張鹵校刊

大明令

洪武元年正月十八日欽奉

聖旨朕惟律令者治天下之法也令以教之

于先律以齊之于後古者律令至簡後

世漸以繁多甚至有不能通其義者何

以使人知法意而不犯哉人既難知是

啓吏之姦而陷民于法朕甚憫之今所

30120　皇明制書二十卷　明萬曆七年（1579）張鹵刻本（卷三至五、十一、
十四、十九抄配）　大連圖書館

國朝典彙卷之一

都察院右僉都御史　　臣　徐學聚編輯

禮部尚書兼翰林院學士　臣　馮琦訂正

朝端大政

開國

壬辰元順帝至正十二年春　高皇帝治兵濠州　帝之先自沛徙

江東世爲句容朱家巷人宋季時　大父熙祖復徙家

渡淮居泗州　父仁祖諱世珍又徙居鍾離之東鄉

太后陳生四子　帝其季也　帝生元天曆戊辰之九

月丁丑是夕赤光滿室上燭于天里中人皆見之競呼

國朝典彙卷之一　　　　開國　　　　　一

30121　國朝典彙二百卷　　〔明〕徐學聚撰　明天啓四年（1624）徐與參
刻本（卷一、三十三至六十三、一百五十、一百九十六至二百抄配，卷五十六缺
首二頁）　大連圖書館

皇明經世實用編卷之一　　乾集一

盱眙臣馮應京纂輯

休寧臣戴　　　任校正

黃梅臣瞿九思編次

休寧臣張　　　復然閱

太祖高皇帝御製文　心法　九章

擬問心

野人鄭公平問心於孔子曰聖賢君子之心何如強竊
盜賊姦人小人之心何如子曰嗚呼大哉之問心之所
以並人同焉夫心也者中虛而不實以居神靈其神靈
之運性情思欲無所不至聖賢君子亦無間強竊盜賊
姦人小人之心是說也神靈之所以運心也且聖賢君

30122　皇明經世實用編二十八卷首一卷　（明）馮應京輯　明萬曆三十一年（1603）刻本　大連圖書館

謚法通考卷之一

雲間王　圻編輯

巴郡趙可懷校正

平湖孫成泰　郢中朱一龍

龍江王應麟　西陵吳　化　叄閱

謚法總紀

周禮春官太師掌大喪帥瞽而廞作柩謚　註云廞

與也與言王之行謂瞽諷誦其治功之詩也

諸侯薨臣子跡累其行以赴告王王遣大臣會其葬

30123　謚法通考十八卷　〔明〕王圻撰　明萬曆二十四年（1596）刻本
大連圖書館

地水師 邊畧

桐鄉潘鳳梧著

嘗觀天下大勢黃河順而西域傾心東海環而倭

夷俯首西南小醜萬伊重關東北强胡一門間隔

四夷之患遠不在三關而近在虜此明矣秦以來

議虜者無慮數千家而卒無定見是何決策之難

耶耍皆未究本源也秦長城至今賴之矣愚謂未

有長城前不聞虜患是五帝三王之世虜果未盛

不足爲患耶抑五帝三王修德果皆化誨而懷服

耶愚以爲不然夫言虜未盛是不知天地生民之

30124　地水師四卷　（明）潘鳳梧撰　明萬曆刻本　汪良選題識　大連圖書館

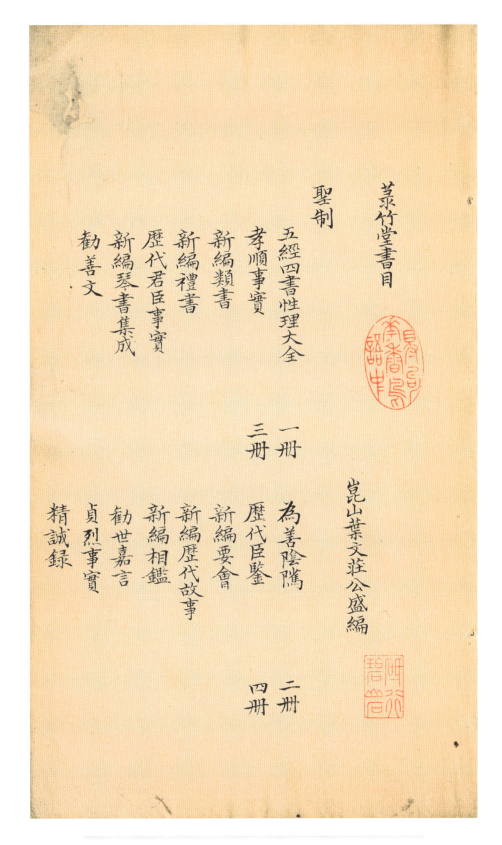

30125　菉竹堂書目不分卷　〔明〕葉盛編　明崇禎七年（1634）葉國華
抄本　葉國華題識　遼寧省圖書館

泊如齋重修宣和博古圖錄卷第一

鼎鼐揔說

鼎一　二十六器

商

父乙鼎　銘二十字

瞿父鼎　銘二字

子鼎　銘一字

庚鼎　銘一字

30126　泊如齋重修宣和博古圖錄三十卷　〔宋〕王黼等撰　明萬曆
十六年（1588）泊如齋刻本　遼寧大學圖書館

史通卷第一

唐劉子玄知幾撰

明李本寧維禎評

附郭孔延延年評釋

內篇

六家第一

自古帝王編述文籍史言之備矣古往今來質文遞變諸史之作不恒厥體摧而爲論其流有六一曰尚書家二曰春秋家三曰左傳家四曰國語家五曰史

史通

書家二曰春秋家三曰左傳家四曰國語家五曰史

卷一

一

30127 史通二十卷 （唐）劉知幾撰 （明）李維禎評 （明）郭孔延

評釋 明刻本（序首頁抄配） 大連圖書館

東萊先生音註唐鑑卷之一

何喬隱先生圈點

承議郎行秘書省著作佐郎騎都尉賜緋魚袋

臣范祖禹譔　朝奉郎行秘書省著作佐郎兼

國史院編修官兼權禮部郎官臣吕祖謙註

隋大業十三年　煬帝年號　高祖為太原留守領晉陽

宮監時煬帝南遊江都天下盜賊起高祖子世

民　太宗　知隋必亡陰結豪傑謀舉大事懼高祖不

聽與副監裴寂謀寂因選晉陽宮人私侍高祖

乃以大事告之世民因亦入白其事五月以詐

唐鑑卷一　高祖

30128　東萊先生音註唐鑑二十四卷　（宋）范祖禹撰　（宋）吕祖謙注
明刻本　遼寧大學圖書館

重刻增改標題音註歷朝捷錄大成卷之一

明越東古虞顧充仲達甫編著

毘陵錫山顧憲成與時甫標註

太末里人舒用中舜卿甫繡梓

東周列國　後秦

威烈王　安王　烈王　顯王　慎靚　赧王

齊太公之後

楚黃帝之後　燕召公之後

趙穆王封造父于趙城

韓魏韓趙魏兵分晉地初命為諸侯

秦孝王時有非子善養父于非子于趙城馬封為附庸邑于秦

始皇帝　二世　秦王子嬰

東周　七國　後秦總論

昔者昊天有成命 詩經昊天有成命二后受之，下武維周。命二后受之，下武維周。詩經註言文王武王實造

30129　重刻增改標題音註歷朝捷錄大成四卷　（明）顧充撰　（明）
顧憲成音釋　明萬曆十二年（1584）舒用中刻本　大連圖書館

讀史漫録卷之一

明東阿縠山于慎行著

門人福唐郭應寵編次

男子緯校梓

宓羲至東周　齊晉附

宓羲本紀母曰華胥履大人迹於雷澤而生庖

羲於成紀雷澤相傳在濟陰濮陽又云在泗水

之上成紀則天水是也相去三四千里不應懸

遠如是宓羲畫八卦神農重之為六十四卦文

30130　讀史漫録十四卷　（明）于慎行撰　明萬曆四十二年（1614）于

緯刻本　遼寧大學圖書館

新刊陳眉公先生精選古今人物論

華亭陳繼儒仲醇父選

三皇

胡一桂 宋

三皇之號昉於周禮外史掌三皇五帝之書而不指其名其次
則見於秦博士有天皇地皇人皇之議秦去古未遠三皇之稱
或庶幾焉漢孔安國序書乃始於伏羲神農黃帝爲三皇少昊
顓頊高辛堯舜爲五帝不知果何所本蓋孔子家語自伏羲以
下皆稱曰帝易大傳春秋內外傳……希炎帝之稱月令有帝
太昊帝炎帝帝黃帝亦足以表先秦未嘗以伏羲神農黃帝爲
三皇也至宋五峰胡氏直斷以孔子易大傳以伏羲神農黃帝

30131　新刊陳眉公先生精選古今人物論三十六卷　（明）陳繼儒輯

明萬曆刻本　大連圖書館

老子道經卷上

河上公章句第一

體道第一

道可道 謂經術政教之道也 非常道 非自然長生之道也 常道當以無為養神 無事安民 含光藏輝 滅跡匿端 不可稱道

名可名 謂富貴尊榮高世之名也 非常名 非自然常在之名也 常名當如嬰兒之未言 雞子之未分 明珠在蚌中 美玉處石間 內雖昭昭 外如愚頑

無名天地之始 無名者謂道 道無形 故不可名也 始者道本也 吐氣布化 出於虛無 為天地本始也

有名萬物之母

30132　六子書六十卷　〔明〕顧春輯　明嘉靖十二年（1533）吳郡顧春世
德堂刻本　遼寧省圖書館

孟春營室候東
風令相司天穀
布農樂工習舞
明祀典禁母伐
覆與稱戎
春秋首云春王
正月以其為一
歲別四時也乃
其尊王之意此
首曰孟春者亦
做春秋意也故
其說為最詳
東方甲乙木其
色青故其本服

呂氏春秋卷一

孟春紀

正月紀

一曰孟春之月日在營室昏參中旦尾中其日
甲乙其帝太皞其神句芒其蟲鱗其音角律中
太簇其數八其味酸其臭羶其祀戶祭先脾東
風解凍蟄蟲始振魚上冰獺祭魚候鴈北天子
居青陽左个乘鸞輅駕蒼龍載青旂衣青衣服
青玉食麥與羊其器疏以達是月也以立春先

呂覽一卷

宋鏡湖遺老陸
明天目逸史凌稚隆批

30133　呂氏春秋二十六卷　題（宋）陸游評　（明）凌稚隆批　明萬曆

四十八年（1620）凌毓枏刻套印本　遼寧省圖書館

新書卷一

漢　雒陽賈誼著　錢震瀧閱

過秦上

秦孝公據殽函之固擁雍州之地君臣固守以窺周室有席卷天下包舉宇內囊括四海之意并吞八荒之心當是時也商君佐之內立法度務耕織脩守戰之具外連衡而鬥諸侯於是秦人拱手而取西河之外孝公既沒惠文武昭襄蒙故業因遺策南取漢中西舉巴蜀東割膏腴之地北收要害之郡諸侯恐懼

上下篇筆
致破舞極
有勁勢閒
有反復處
正如離騷
三致意非

30134　新書十卷　〔漢〕賈誼撰　〔明〕錢震瀧閱　明萬曆二十年（1592）
刻本　遼寧大學圖書館

河南程氏遺書第一

二先生語一

少保兼華蓋殿大學士南陽李賢校正

國子監監丞伊洛閻禹錫重輯

南陽府知府太原段堅新刊

端伯傳師說

伯淳先生嘗語韓持國曰如說妄說幻為不好底性
則請別尋一箇好底性來換了此不好底性著道
即性也若道外尋性性外尋道便不是聖賢論天
德蓋謂自家元是天然完全自足之物若無所污

30135　河南程氏遺書二十五卷附錄一卷外書十二卷　（宋）程顥
程頤撰　（明）閻禹錫輯　明成化十二年（1476）段堅刻本　遼寧省圖書館

群書歸正集卷之一

四明後學林　昂著

明進士從孫祖述校

天文類

　總論

天有極乎極之外何物也天無極乎凡有形必有極

理也勢也是聖人所不能知耳非不言也故天之

形聖人以曆紀之天之象聖人以器驗之天之數

聖人以筭窮之天之理聖人以易究之天之所閟

人無術以知之者惟此耳今不曰不知而曰不言

30136　群書歸正集十卷　　（明）林昂撰　明萬曆十九年（1591）刻本

大連圖書館

文雅社約

書劄一

歸德龍江沈鯉著

古人以竹簡通名將命者出仍以還之蓋終身

所用惟此一簡不易爵里不削牘也今人每

次一帖已屬多事而又有折簡有全簡有紅

簡有封套施者過費受者無益豈不可省吾

鄉當嘉靖年間里中士大夫相拜者尚一不過

只傳後雖有名紙亦主人不面始窺之面則

30137　沈公家政二卷　（明）沈鯉撰　明萬曆三十年（1602）刻本　大連
圖書館

陰符經　天機暗合於事機故曰陰符

黃帝公孫軒轅著

神僊抱一演道章

毘陵唐順之　釋

故郭藏懃循參訂

觀天之道執天之行盡矣天有五賊見之者昌

五賊在心施行於天宇宙在乎手萬化生乎身

天性人也人心機也立天之道以定人也天發

陰符經

30138　兵垣四編六卷附九邊圖論一卷防海圖論一卷　（明）湯顯祖
輯評　（明）閔映張等參閱　明天啓元年（1621）閔氏刻朱墨套印本　遼寧省圖
書館

廣東要害論

廣東列郡者十分爲三路西路高雷廉近占城滿刺諸番中路東莞等縣水賊倭寇不時出沒東路惠潮與福建連壤漳舶通番之所必經其受海患均也故舊制每歲春汛各澳港皆設戰艦秋盡乃掣回泊水寨至今日則不然倭奴衝突莫甚於中路亦莫便於東路其次則南頭等處又其次乃及高雷廉三府

島夷出沒有限水賊流劫無窮東路之便蓋在接濟之人故也

海防論

30139　海防圖論　（明）胡宗憲撰　明天啓元年（1621）刻朱墨套印本

大連圖書館

唐荆川先生纂輯武編前卷一

瑯琊焦竑校

將

許洞曰國家行師授生殺之柄大將所主將者國之
腹心三軍之司命也可不慎於選乎苟欲命將豫以
精誠辯其可否者有四一曰貌二曰言語三曰舉動
四曰行事其一曰貌凡眷上雙骨橫起而隆歔者語
言而不相合者目如鷹仰視者方坐內多虛驚者行
而瞠乎必照後者目睛白多而有赤焰瞻視不端者
此六者人有其一斯人常蘊不臣之心不可使之也

30140　唐荆川先生纂輯武編十二卷　（明）唐順之撰　明萬曆四十六
年（1618）徐象橒曼山館刻重修本　大連圖書館

登壇必究天文卷一

輯天文說

淮陰王鳴鶴　編輯

姑蘇袁博忠　校正

門生廣陵奚汝嘉全校
貴陽鍾伏武

王鳴鶴曰天文微渺難言矧

朝有私習之禁而又可容以易言者也天下臣民恪

遵憲制無敢軼越故今世占候獨決於靈臺如

漢太史公父子世官共業而他無與也雖然

30141　登壇必究四十卷　（明）王鳴鶴輯　明萬曆二十七年（1599）

刻本　大連圖書館

韓子卷一

初見秦

孫月峯曰大約規模范睢但范蘭此繁范虚此寶龐應烘

臣聞不知而言不智知而不言不忠為人臣不忠當
死言而不當亦當死雖然臣願悉言所聞唯大王裁
其罪臣聞天下陰燕陽魏連荊固齊收韓而成從將
西面以與強秦為難臣竊笑之世有三亡而天下得
之其此之謂乎臣聞之曰以亂攻治者亡以邪攻正
者亡以逆攻順者亡今天下之府庫不盈囷倉空虛
悉其士民張軍數十百萬白刃在前斧鑕在後而却

韓子卷一

一

此文跌宕類
蘇秦然章法
句法起結照
應獨邁紀律
趙定宇曰此
篇與國策所
載大略相同
是秦文之極
佳者
汪南溟曰此
書為初見秦
其策全在破
從一着中間
反覆歸咎謀

重修政和經史證類備用本草卷第一 記酒新衍義

成都 唐慎微 續證類

中衛大夫康州防禦使修建明堂所醫藥提舉入內醫官

編類聖濟經提舉太醫學臣曹孝忠奉，敕校勘

序例上 韓保昇云本草者為諸藥中草類最多也 按藥有玉石草木蟲獸而

嘉祐補注總敍

舊說本草經神農所作而不經見漢書藝文志亦無錄焉平

帝紀云元始五年舉天下通知方術本草者在所為駕一封

軺傳遣詣京師橫護傳詔護少詔醫經本草方術數十萬言

本草之名蓋見於此而英公率世勤筆注引班固敍黃帝內

外經云本草石之寒溫原疾病之深淺此乃論經方之語而

30143 重修政和經史證類備用本草三十卷 （宋）唐慎微撰 （宋）

寇宗奭衍義 明隆慶三年（1569）刻本 遼寧省圖書館

存二十八卷（一至七、十至三十）

本草綱目序例第一卷上

序例上

歷代諸家本草

神農本草經(掌禹錫曰舊說本草經三卷神農所
作而不經見漢書藝文志亦無錄焉
漢平帝紀云元始五年舉天下通知方術本草者
所在輕傳遣詣京師樓護傳稱護少誦醫經本草
方術數十萬言本草之名蓋見于此唐李世勣等
以梁七錄載神農本草三卷雜以為始又疑所載
郡縣有後漢地名似張機華佗輩所為皆不然也
按淮南子云神農嘗百草之滋味一日而七十毒
由是醫方興馬蓋上世未著文字師學相傳謂之
本草兩漢以來名醫益衆張華輩始因古學相以
新說通為編述本草藥是見于經錄也(寇宗奭曰
漢書雖言本草不能斷自何代而作世本草淮南子

本草綱目序例卷之一

周易焉

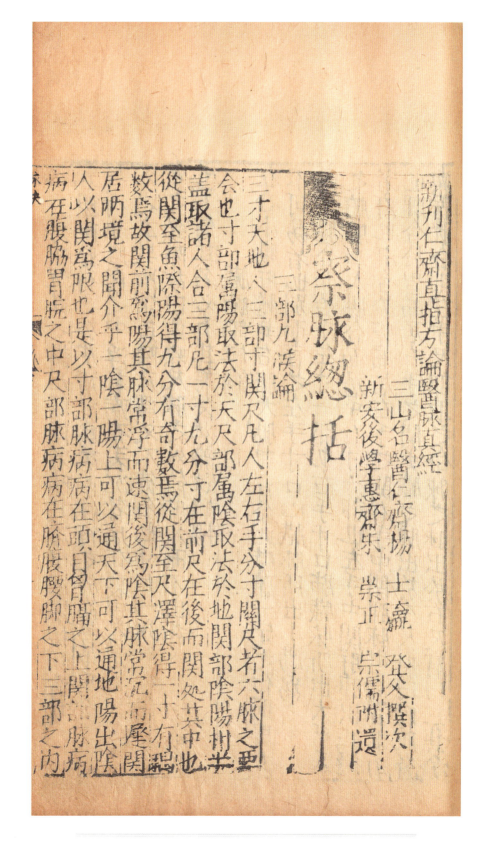

新刊仁齋直指方論醫脉真經

三山名醫仁齋楊　士瀛　撰次

新安後學王惠蒼朱　崇正　發兄　撰次

宗儒附遺

診察脉總括

三部九候論

三才天地人三部寸關尺凡人左右手分寸關尺者六脉之
會也寸部屬陽取法於天尺部屬陰取法於地關部陰陽相半
盖取諸人合三部凡一寸九分寸在前尺在後而關處其中也
從關至魚際陽得九分有奇數焉為從關至尺澤陰得一寸有
數焉故關前為陽關後為陰其脉常浮而速關後為陰其脉常沉而
居兩境之間介乎一陰一陽上可以通天下可以通地陽出陰
人以關為限也是以寸部脉病病在頭目胃膈之上關部脉病
病在腹脅胃脘之中尺部脉病病在臍膝腰腳之下三部之內

30145　新刊仁齋直指附遺方論二十六卷小兒附方論五卷醫脉
真經二卷傷寒類書活人總括七卷　（宋）楊士瀛撰　（明）朱崇正補遺

明末書林熊咸初刻本　羅振玉跋　丹波元簡、澀江全善題記　遼寧省圖書館

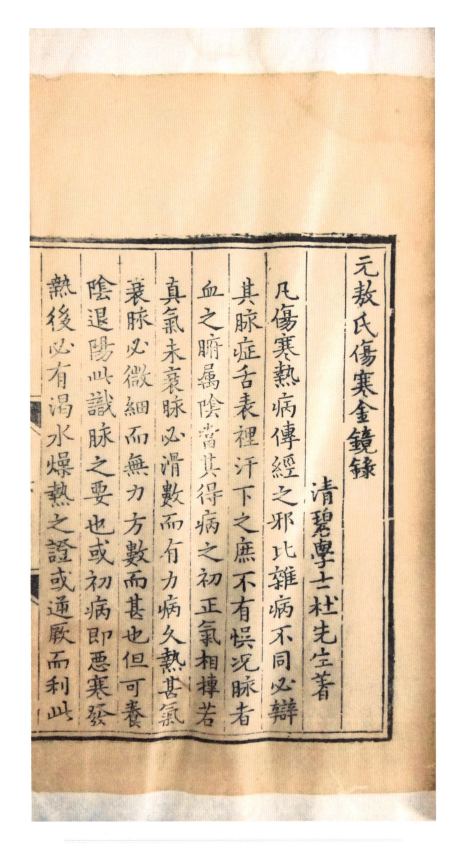

元敖氏傷寒金鏡録　清碧學士杜先生著

凡傷寒熱病傳經之邪此雜病不同必辯

其脉症舌表裡汗下之庶不有悮況脉實者

血之腑屬陰當其得病之初正氣相摶若

真氣未衰脉必滑數而有力病久熱甚氣

衰脉必微細而無力方數而甚也但可養

陰退陽此識脉之要也或初病即惡寒發

熱後必有渴水燥熱之證或通厥而利此

30146　元敖氏傷寒金鏡録不分卷　（元）杜本撰　明嘉靖三十八年
（1559）馬崇儒刻本　遼寧中醫藥大學圖書館

新鐫陶節菴家藏傷寒六書卷之一

明 餘杭節庵陶華 撰

○傷寒家秘論

治傷寒業擅專門誠爲重寄論死生易如展掌利矣

苟圖雜証緩可取方傷寒專在活法原傷寒有活人

書明理論指掌圖傷寒論其中有論缺方者有方失

論者有脉無証者有証無法者非仲景之全書緣其

歷年已久遺失頗多王叔和以斷簡殘篇而補方造

論成無已順文註釋而集成全書所以遺禍至今而

未已也較今庸俗治傷寒一二日不問屬虛屬實而

30147　新鐫陶節菴家藏傷寒六書六卷　（明）陶華撰　明武林何景道

刻本　大連圖書館

陶節菴全生集卷之一

會稽王符朱映璧校正

鎮江府醫官何　爌重校

蘇州府醫生戈如璧同校

傷寒總難提綱第一

傷寒一證原有活人書明理論指掌圖傷寒論其中有論

闕方者有方闕論者有脉無證者有證無法者蓋仲景之

書歷年既久遺失頗多王叔和以斷簡殘編而補方造論

成無已乃順文註釋而且集成書所以遺戾至今而未止

也今之治傷寒者十二日不問屬虛屬實便用麻黃桂枝

傷寒全生集　　卷之一　　一　　何覽

醫說卷第一

三皇歷代名醫

大昊伏犧氏　炎帝神農氏
黃帝　巫彭
巫咸　岐伯
俞跗　桐君
雷公　伯高少俞
馬師皇　秦長桑君
醫緩　醫和
文勢　醫荀

30149　**醫說十卷**　（宋）張杲撰　明嘉靖二十三年（1544）顧定芳刻本

遼寧中醫藥大學圖書館

急救良方卷之一　　四明芝園主人集

五絶死第一　益都尭岡山人校

治五絶死　自縊死　溺水死　打撲跌撞木石壓死　産後血迷暈死　中惡鬼擊死夜魘死　凡心

頭温者皆可救治用半夏湯泡七次為末丸如豆

大吹入鼻中噴嚏即活或用皂莢為末吹入鼻中

亦妙　又方急於人中穴及兩脚尖毋指甲離甲

一韭葉許各炙三五壯即活臍中炙百壯亦効

救自縊　凡自縊高懸者徐徐抱住解縄不得截斷

上下安被臥之以一人用脚踏其兩肩手挽其髪

常令弦急勿使緩縱一人以手按據胸上數摩

30150　急救良方二卷　（明）張時徹輯　明隆慶三年（1569）朱厚熿
刻本　遼寧省圖書館

攝生衆妙方卷之一　四明芝園主人集

通治諸病門　益都充岡山人校

神仙太乙紫金丹 一名紫金錠 一名萬病解毒丹 一名玉樞丹 解諸毒療

諸瘡利關竅通治　白病此藥真能起死回生葦

製十數萬錠濟人　可效不可盡述凡居家出入

興犬工動大兵及閭廣雲貴仕宦行裝尤不可

無之

山茨菰 似燈籠色日土有黑點結子三稜二月

南比處處有之俗名金燈籠葉似韭花開花三月結子四四月初苗祜即空地得之遲則苗腐爛難尋矣與有毒老鴉蒜極相頰但蒜無

毛茨菰上有毛包裹宜川文蛤破洗刮俻淨焙

辛去皮洗極冸焙二兩 一名五棓子題

30151　攝生衆妙方十一卷　（明）張時徹撰　（明）朱厚熿補　明隆慶
三年（1569）朱厚熿刻本　遼寧省圖書館

赤水玄珠第五卷　　新安生生子孫一奎集

水脹通論

靈樞經曰水穀入于口輸于腸胃其液別為五天

寒衣薄則為溺與氣天熱衣厚則為汗悲氣氣

并則為泣中焦胃緩則為唾邪氣內遞則氣為

之閉塞而不行不行則為水脹余知其然也不

知其何由生碩聞其道岐伯曰五穀之津液和

合而為膏者內滲入於骨空補益腦髓而下流

30152　赤水玄珠三十卷醫案五卷醫旨緒餘二卷　（明）孫一奎撰

明萬曆二十四年（1596）刻本　大連圖書館

存十七卷（五至十、十三至十四、二十九至三十，醫案五卷，醫旨緒餘二卷）

新刊明目良方卷之一

○諸經丸散類

[洗肝散] 治風熱上攻暴作赤腫羞明隱澀並皆治之

大黃 煨　　枝子 去殼　　防芥 去盧

薄荷葉　　當歸　　川芎

羌活　　甘草 各貳兩

右為細末每服二錢熟水調下食後服

明目良方

[洗肝散]

升麻　大黃　赤芍藥　黃芩

薄荷　梔子　木賊　陳皮

30153　新刊明目良方二卷首一卷　（明）不著撰者　明萬曆二十八年
（1600）樹德堂刻本　大連圖書館

萬氏家傳廣嗣紀要卷之一

羅田　萬　全　著者

黃岡門人蔡朝衣輯校

全嘗著廣嗣紀要一曰脩德以積其慶二曰寡慾

以全其真三曰擇配以昌其後四曰調元以却其

疾五曰愓期以會其神遵而行之有子之道也若

山水之靈祈禱之應必有德無慾者天地交感志

意潛通可薾無子而覆孔釋抱送之祥矣否則徵

福於冥冥之中其不爲天地厭之者幾希

廣嗣紀要卷之一

一

余珊

30154　萬氏家傳廣嗣紀要十六卷　（明）萬全撰　明萬曆二十四年（1596）刻本　大連圖書館

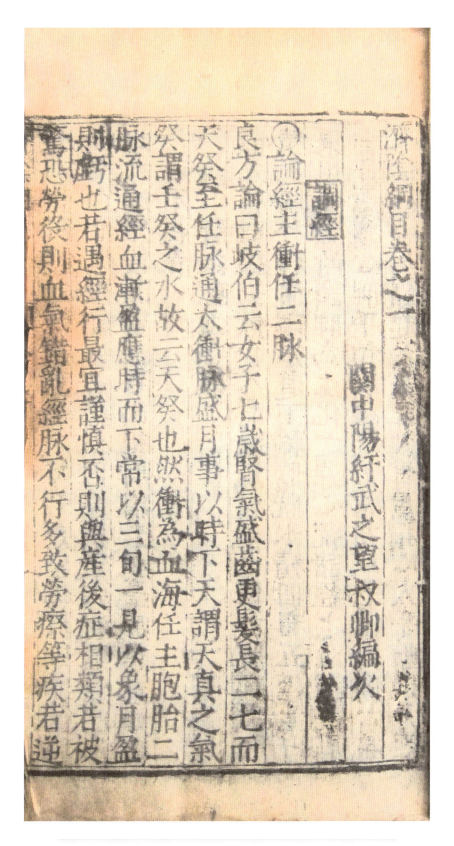

30155　濟陰綱目五卷　（明）武之望撰　明萬曆四十八年（1620）刻本

遼寧中醫藥大學圖書館

產寶百問總論

坐產論第一

太初者凡有氣之本也天得之以統氣太始者凡有
形之本也地得之以統形故輕清爲天裹陽剛而立
平上重濁爲地積陰柔而處平下然天不獨亢下溥
而元明地不獨甲上升而生發故感坤德而形化應
乾道而氣凝二氣交感化生萬物其機潛孚默運故
天地生生化化品物斯彰羨易曰大哉乾元萬物資
始至哉坤元萬物資生放陽施陰化血氣和調感而

產寶百問　總論

30156　嬰童百問十卷產寶百問五卷　〔明〕魯伯嗣　王肯堂訂　明三
槐堂刻本　遼寧中醫藥大學圖書館

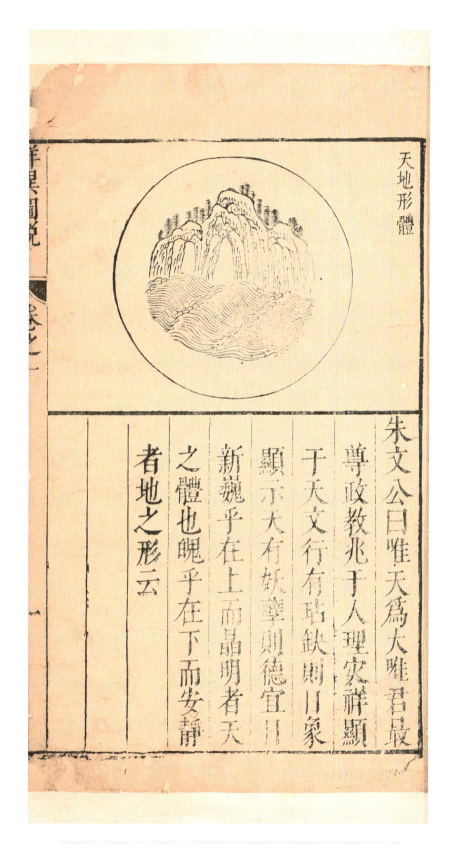

30157 大明天元玉曆祥異圖說七卷 〔明〕余文龍撰 明萬曆刻本

遼寧大學圖書館

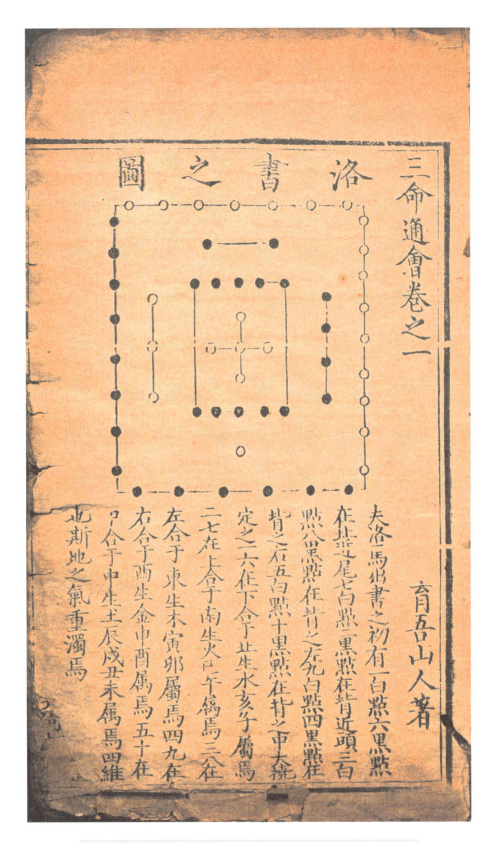

30158　三命通會十二卷　（明）萬民英撰　明萬曆六年（1578）刻本

大連圖書館

諏擇曆眼

月令證引附真太陽到山

太陽印日躔也居一天星之王太陽到方居曆到活曲象

明南昌篔溪黃汝和得中甫集纂

雲閒友人俞汝楫仲濟甫校正

正月建寅

太陽星 ○立春到壬 雨水到亥

…後太陽尚在子中神居爲天月將授時曆其日時日躔玄枵之次宜用癸乙丁

辛方及時

雨水後太陽到壬申登明爲天月將授時曆其日時日躔諏訾之次宜用甲丙庚壬

方及時

取墨乘眼

重修正文對音捷要真傳琴譜大全卷之一

閩延平永安貢川西峰山人楊表正撰

金陵三山街綉谷對溪書坊唐富春梓

通紀

聖賢名錄　　琴學須知

律呂相生論　辨琴雜說　　十二律呂論

學記篇論　　五聲五音論　樂記音論

琴有九德論　立教集論　　琴有七要論

擇琴材良論　琴有所宜論　絲木合論

琴面諸稱　　琴不合文音論　鼓琴法則論

素琴論　　　琴背諸稱　　製琴起法論

　　　　　　琴焦尾論　　彈琴法指要論　辨琴虛實輕重論

一絲琴論　　百衲琴論

上古琴賦

伊朱絃之雅器兮含太古之遺美扣清徵于雲和激流泉于綠綺神女洧霞縈邕焦尾

陶潛橅之以寄意茲子彈之而為治周公之裳裳文王之拘羑里得右法于稀廉

感幽靈于女子㕙乃前廣後狹之制圓天方地之義或懸壁以省虧夫軫以觀繊

衛女思歸之引伯奇蹇之悲玩之有龍焉之狀聽之有志焉之思師襄既拱于夫

子伯牙亦哀于子斯剸有寒山之餘寵龍門之枝空桑之義別九星而衆六

合應八風而發四時鳴夜啼雉亦朝飛伯嗜之許顧雖鄡忌之識齊威至于禮著

坐憂傳閒蹈轉漢則文姬女蘇宗之見孫登丘之迎漢武懲竊士之役楚

帳龜山之藪魯至如愚谷之調五曲之思文訓之著三絕斷茲美檀伐彼梓桐楚莊之有

綾忽齊桓之重號鍾松石方期于戴顙顗神氣沖秘獨推于千里風

韻清疾唯稱于世隆若夫水僑之引文王之操攜擊二櫟緩盖姺桓譚被責以失

次戴述循葦而赴召或云晏寵初製或云神農始造蓹師之辨吳蜀漢宣之得龍輔

爾乃斫公韻夔張生響泉閒于物駭于取鼠蔡邕始驚于補螳傷中散之被刑酒師

曹之見鞭爾其倚床而悲向風而聽見六八王之思丹琴高之養性舞玄鶴于郭門

受清風于景上至有明光宛轉霹靂空筱松間風入石上泉流季膺之哭彥先賈子

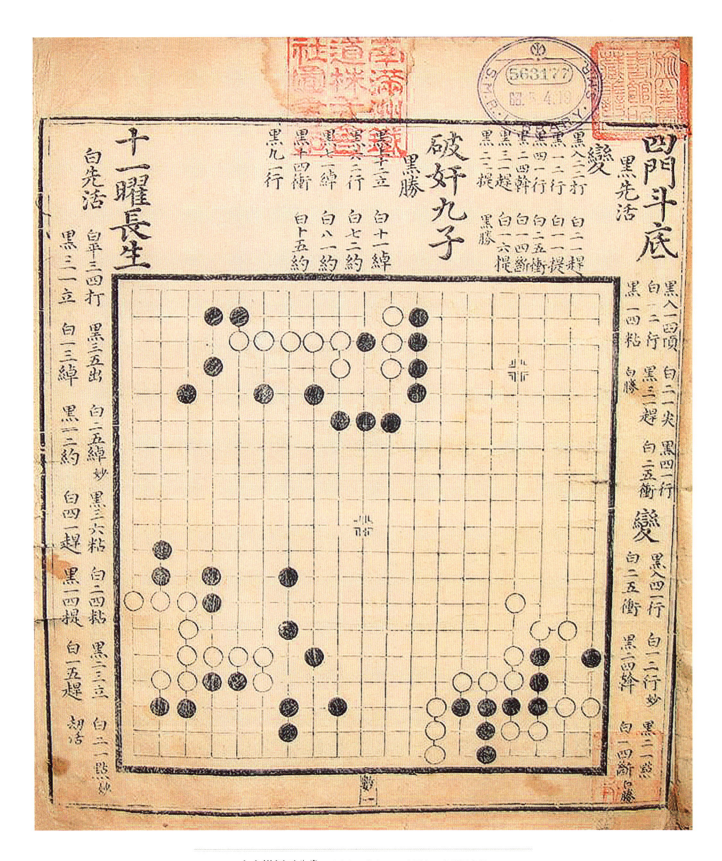

30162　玄玄棋經不分卷　〔宋〕張擬撰　明末刻本　大連圖書館

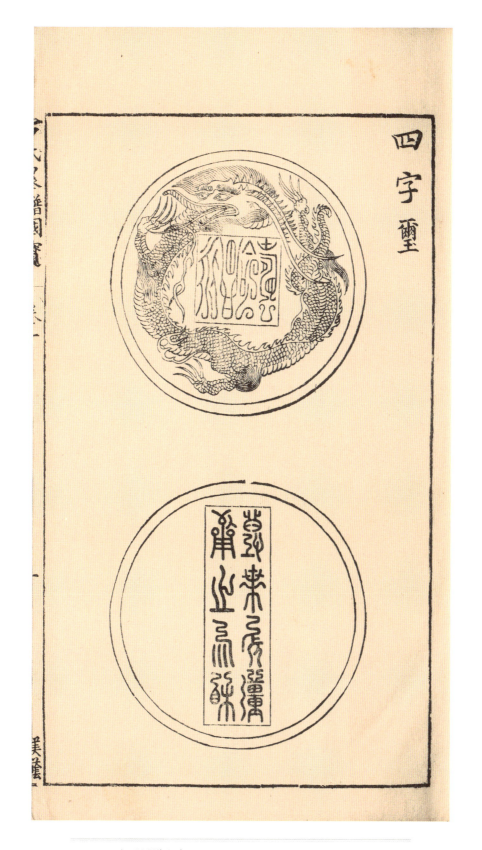

30163　方氏墨譜六卷　（明）方于魯撰　明萬曆二十四年（1596）美蔭堂
刻本　大連圖書館

淮南鴻烈解卷一

原道訓

夫道者覆天載地廓四方柝八極高不可際深不可

測包裹天地稟授無形源流泉浡沖而徐盈混混汩

汩濁而徐清故植之而塞於天地橫之而彌於四海

施之無窮而無所朝夕舒之幎於六合卷之不盈於

一握約而能張幽而能明弱而能強柔而能剛橫四

維而含陰陽紘宇宙而章三光甚淖而滒甚纖而微

山以之高淵以之深獸以之走鳥以之飛日月以之

淮南卷一

一

淮南所著其言不盡絲一人即此篇燕括道術事情景為麗雜然梗概大都襲老莊道之窾卻則性命道之得手廬則無為其文爛刀如錦

30164　淮南鴻烈解二十一卷　（漢）劉安撰　（明）茅坤　茅一桂輯評

明萬曆二十八年至崇禎十七年（1600–1644）刻朱墨套印本　遼寧省圖書館

白虎通德論卷之上

漢　班固纂　明　楊祐校

爵

天子者爵稱也爵所以稱天子者何王者父
天母地為天之子也故援神契曰天覆地載
謂之天子上法斗極鉤命訣曰天子爵稱也
帝王之德有優劣所以俱稱天子者何以其
俱命於天而主治五千里內也尚書曰天子
作民父母以為天下王何以知帝亦稱天子

30165　白虎通德論二卷　〔漢〕班固撰　〔明〕楊祐校　明萬曆十年（1582）
胡維新刻兩京遺編本　唐翰題記　遼寧省圖書館

箴譚卷之一　　　　　　夔郡徐學聚敬輿父輯

志學

學貴兼人

善學者以一日兼十日以一年兼十年以一人兼十
人不善學者反是故騏驥天下之疾走也一日而
千里若伏櫪而不馳則游蟻過之矣鶵鵬天下之
捷飛也瞬息而千里若戢翼而不奮則鶬鶖過之
矣士之學何以異是昔甯越中牟鄙人也苦耕稼

箴譚卷之二

30166　**箴譚四卷**　（明）徐學聚撰　明萬曆三十七年（1609）刻本　大連圖書館

五雜組卷之一

天部一

　　　　　陳第謝肇淛著

榮陽潘膺祉校

老子謂有物混成先天地生不知天地未生時

此物寄在甚麼處噫蓋難言之矣天氣也地質

也以質視氣則質爲粗以氣視太極則氣又爲

粗未有天地之時混沌如雞子然雞子雖混沌

其中一團生意包藏其中故雖歷歲時而孚之

五雜組　　　　　　　　　　　　　　　一

30167　五雜組十六卷　（明）謝肇淛撰　明萬曆四十四年（1616）如韋館
刻本　朱錫庚題識　大連圖書館

劉會孟曰世
說所載多無
識語然皆今
人所有云則
古亦不可謂
無叔自末可
弃耳

世說新語

德行

陳仲舉言爲士則行爲世範登車攬轡有澄清

天下之志與人有室荒蕪不掃除日大丈夫當

爲國家掃天下值漢桓之末闍豎用事外戚豪

橫及拜太傅與大將軍竇武謀誅宦官反爲所

害爲豫章太守海內先賢傳日蕃爲尚書以忠

守至便問徐孺子所在欲先看之日徐稺字孺

正忤貴戚不得在臺遷豫章太謝承後漢書

子豫章南昌人清妙高跱超世絶俗前後爲諸

公所辟雖不就及其死萬里赴吊常預炙雞一

世說卷一

德行一

30168　世說新語八卷　（南朝宋）劉義慶撰　（南朝梁）劉孝標注

（宋）劉辰翁　劉應登　（明）王世懋評　明凌瀛初刻四色套印本　遼寧省圖書館

世說新語卷二

宋　劉義慶　撰

梁　劉孝標　注

明　黃之寀　校

政事第三

陳仲弓為太丘長時吏有詐稱母病求假事覺
牧之令吏殺焉主簿請付獄考眾姦仲弓曰欺
君不忠病母不孝不忠不孝其罪莫大考求眾
姦豈復過此別兒　陳寔已別見

30169　世說新語八卷　（南朝宋）劉義慶撰　（南朝梁）劉孝標注

（明）黃之寀校　明吳中珩、黃之寀校刻本　大連圖書館

世說新語補卷第一

德行上

宋　劉義慶　撰

梁　劉孝標　注

宋　劉辰翁　批

明　何良俊　增

王世貞　刪定

王世懋　批釋

張文柱　校注

30170　世說新語補二十卷　（明）何良俊撰　明萬曆十三年（1585）
刻本　大連圖書館

唐世說新語卷之一

瑯邪王世貞校

匡贊第一

杜如晦少聰悟精彩絕人太宗引爲秦府兵曹俄改

陝州長史房玄齡聞於太宗曰餘人不足惜杜如晦

聰明識達王佐之才若大王守藩無用之必欲經營

四方非此人不可太宗乃請爲秦府椽封建平縣男

補文學館學令文學褚亮爲之贊曰建平文雅休有

烈光懷忠履義身立名揚貞觀初爲右僕射玄齡爲

30171　唐世說新語十三卷　（唐）劉肅撰　（明）王世貞校　明萬曆

三十一年（1603）潘玄度刻本　遼寧大學圖書館

862452

桯史卷之一

宋相臺岳珂

高宗覽婁陟明（寅亮）之義垂意祖烈、詔擇泰支並建

二王邸恩禮未有隆殺也會連歲芝生太宮百執

事多進頌詩張紫微（孝祥）時在館獨獻文曰原芝

紹興二十四年芝生於太廟楹當仁宗英宗之室

詔舉臣觀瞻奉表文德殿賀旣二年芝復生其處

校書郎臣張孝祥作原芝曰非天私我有宋我祖

宗在天篤丕祜於子孫明告興符於惟欽哉在昔

學笵

攷古趙古則編集

濟南張萬選較正

教笵

一曰經學　見讀笵

二曰行實

孝　孝於父母

弟　弟於兄長

學笵卷之一

30173　學笵二卷　　（明）趙古則輯　明末興賢堂刻本　大連圖書館

百家類纂卷之一

儒家類　家語

相魯

明浙東慈谿後學沈津纂輯

孔子初仕爲中都宰制爲養生送死之節長幼異食彊弱

異任男女別塗路無拾遺器不彫僞爲四寸之棺五寸之

槨因丘陵爲墳不封不樹行之一年而四方之諸侯則焉

定公謂孔子曰學子此法以治魯國何如孔子對曰雖天

下可乎何但魯國而已哉於是二年定公以爲司空乃別

五土之性而物各得其所生之宜咸得厥所由司空爲魯

大司寇設法而不用無姦民定公與齊侯會于夾谷孔子

30174　百家類纂四十卷　（明）沈津輯　明萬曆七年（1579）含山縣儒學刻本　大連圖書館

玄覽卷之一

象緯篇

豫章朱謀㙔鬱儀甫著

天體廣經二億三萬五千五百里七十有五步

東西短四步周六億十萬七百里二十有五步

自地至天一億一萬六千七百八十六里半下

地之厚與天之高等日月廣徑千里周三之大

星徑百里中星五十里小星三十里𢀎卄七衡

六閒相距九千里三垣二十八宿中外常明之

星百二十有四可明之星三百二十爲星二千

古今書抄卷一

甬東　屠本畯　函史　編次

後學　柴慰賢　士德　校訂

東海　袁宏道　石公　選集

秋日宴季慶士宅序　　王勃

若人爭名于朝廷者則駢藎相趨逳跡于丘園者則

林泉見託雖語默非一物我不同而逍遙皆得性之

塲動息匪自然之地故有季慶士者遠辭濠上來遊

境中披白雲以開莚俯青溪而命酌昔時西北則我

30176　古今書抄三十二卷　　（明）袁宏道輯　明萬曆四十年（1612）

惇德堂刻本　大連圖書館

經世奇謀卷之一

徽郡婺源龍溪里象筠俞　琳汝良甫編輯

黎陽邇林孟　楠若木甫

蒲城暘谷柴寅賓方旭甫　校刊

南司徒尚書郎

備患類

憂患之來必有其漸苟不預慮撲滅則噬臍

昌及山曲突徙薪之說正明喆保身者之龜

鑑云、

30177　經世奇謀八卷　（明）俞琳撰　明萬曆四十四年（1616）孟楠、

柴寅賓刻本　大連圖書館

山海經第一

晉 郭璞傳

明 吳琯校

南山經

南山經之首曰誰山其首曰招搖之山臨于西海之
上西頭濱西海也　多桂桂葉似枇杷長二尺餘廣
冬夏常青間無雜木口　數十味辛白花叢生山峯
多金玉有草焉其狀如韭曰璨日
而青花其名曰祝餘桂或作
柱茶　食之不飢
有木焉其狀如穀而黑理穀搆
霍山亦爾多之　　名搆也皮作紙璨曰穀亦
韭音九爾雅云　　構名穀者以其實如穀
氐音招搖之桂　　
冬春秋日招搖之桂
其花四照照地亦此類也見離騷經
也其花言有光燄也若木華赤其光
　　　　　　其名曰迷

玉芝堂談薈卷之一

帝王誕生瑞徵

史傳中所記誕聖瑞徵偶錄其尤異者、詩含神霧、

大跡出雷澤華胥履之生宓犧拾遺記神母遊華

菊之洲、青雲繞神母即覺有娠歷十二年而生庖

犧帝王世紀女登為少典妃、有神人龍首感女登

于尚羊生炎帝神農河圖握拒附寶之郊野大電

光繞北斗樞星照于郊野感附寶二十四月而生

30179　玉芝堂談薈三十六卷　〔明〕徐應秋輯　明崇禎徐應秋刻本

遼寧大學圖書館

林子三教正宗統論

門人盧文輝校正

三教合一大旨

林子曰沙界之華龍天之夏而為儒者曰我儒也。為道者曰我道也。為釋者曰我釋也。教既分為三矣。而余之意則欲會而歸之以復合於孔老釋迦之道之本一也。余嘗慨與所可使由者言。惟本是立。所以教其始。余嘗慨與所可使知者言。惟門是入。所以教其中。豈

情史類略卷一

情貞類

○○范希周　以下夫婦節義

建炎庚戌歲建州賊范汝為因饑荒嘯聚至十餘萬次
年春有關西人呂忠翊父福州稅官方之任道過建州
有女十七八歲為賊徒所掠汝為有族子名希屏本士
人年二十五六猶未娶呂監女為希周所得希周即為
官家女又有色性復和柔遂卜日合族告祖備禮冊為
正室是冬朝廷命韓郡王統大軍討捕呂氏謂希周曰

山中一夕話卷之一

笑笑先生增訂

卓吾先生編次　哈哈道士較閲

鬚髯賦　　　　　　　　鳧湖生

人身惟元首至尊，遺氣以毛髮爲重，絲青價貴。雲綠名高，蟬鬢翠眉點綴佳人景緻，美髯華髮，助成才子風流。不幸鬚以蟲生毛因瘡廢初生，曰癬漸熾成風，眉間脫却蓋來摧敗，雙雙柳葉。

捧腹編卷一

茂苑許自昌玄祐父輯

甫里馬起城貳師父校

艾子

索得幾文冷債

艾子使於魏見安釐王王問曰齊大國也比年息兵
何以爲樂艾子曰敝邑之君好樂而羣臣亦多效伎
安釐王曰何人有伎曰淳于髡之籠養孫臏之踢毬
東郭先生之吹竽皆足以奉王歡也安釐王曰好樂

虞初志卷一

臨川湯顯祖若士評點

錢唐鍾人傑瑞先校閲

續齊諧記

金鳳凰

紫荊樹

華陰黃雀

洛水白獺

燕墓班狸

虞初志

30184　虞初志八卷　〔明〕湯顯祖評　**續虞初志四卷**　〔明〕湯顯
祖輯　明末刻本　大連圖書館

上欄：

○加徐達石丞相兼太子少傅節

命將出師立興王之大業建邦啟土

資佐運之能臣伏斧鉞而成顯功其

鈞衡而居右挾才爲異葉賞亦非常

字在朝廷誕宣綸綍姿英傑達

景雄深從予起兵于濠上先存捧日

之心來茲定鼎于江南遂作擎天之

枉氣貫萬人而無敵接帳摧城威行

四壤而推恩撫民安堵牙旗拍頓淮

海騰濤雷鞭蠻湖湘率服西連巴

蜀束降濱洋有征則總水陸之兵戎

所向但收郡邑之高籍削平三隅國

古之名將何以加辛勤十餘年吾之

封疆蘇此定堂奏蘇湖之捷俾其臣

王而歸允謂元勳宣膺上爵尊崇相

珠淵玉圃⋯君于擷研忽⋯總樂⋯

下欄：

新刻京臺公餘勝覽國色天香卷之一

撫金　藝純子　吳敬所　編輯

大梁　周支煒　如山甫　重梓

龍會蘭池錄

宋南渡沂郡中都路人蔣生世隆年弱冠

學行名時以韓蘇自許凡天下名士傾

賞相結納金逃將蒲療與福拜寫具姓

兄弟與福佑家高琪水虎寮之慶慈世

隆乃賑別子蔣家村臨行間以杌筆寫

約各有詩贈具錄於此世隆詩曰

水萍相遇自天涯文武崢嶸與莫龍優國

有心追李布蓬門無膽作朱家蛟龍豈是

池中物珠翠終成錦上花此去從伊携手

30185　新刻京臺公餘勝覽國色天香十卷　（明）吳敬所輯　明末光齋堂刻本　大連圖書館

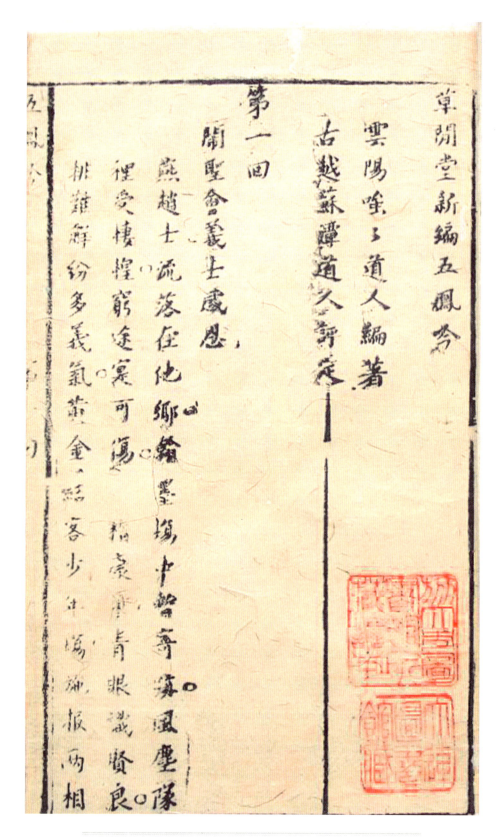

30186　草閒堂新編五鳳吟二十回　（明）嗤嗤道人撰　（明）蘇潭道人評　明刻本　大連圖書館

第一回

授劍術處女下山　盜法術公子歸洞

生生化化本無涯　但是含情總一家
不信精靈能變幻　旋風吹起活燈花

話說大唐開元年間鎮澤地方有箇劉直卿官人曾做
議大夫因上文字打宰相李林甫不中棄職家居夫
八舍勸女大莫要多口到此未免搶白幾句那官人是
儞止直男子如何肯伏氣爲此言語往來上夫人心中
不樂害成一病請醫調治三好兩歉不能痊可忽一日
被間大人坐在牀上吹了幾口粥湯喚養娘收過粥碗

30187　平妖傳四十回　（明）羅貫中撰　（明）馮夢龍補　明萬曆映旭齋刻本　大連圖書館

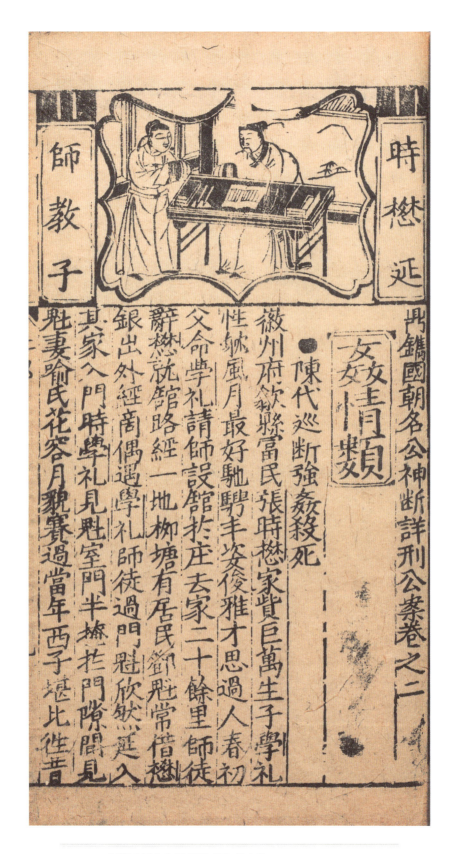

鼎鐫國朝名公神斷詳刑公案卷之二

姦情類

●陳代巡斷強姦殺死

徽州府歙縣富民張時懋家貲巨萬生子學礼
性軼風月最好馳騁姿俊雅才思過人春初
父命學礼請師設館於庄去家二十餘里師礼
辭懋就館路經一地柳塘有居民節魁常借懋
銀出外經商偶遇學礼師徒過門魁欣然延入
其家入門時學礼見魁室門半掩扵門隙間見
魁妻喻氏花容月貌賽過當年西子壓比往昔

30188　鼎鐫國朝名公神斷詳刑公案八卷　題〔明〕京南歸正寧靜子輯

明萬曆刻本　大連圖書館

女仙傳

唐　高駢輯　瑯琊　王世貞編

西王母

西王母者九靈太妙龜山金母也一號太虛九光龜
臺金母元君乃西華之至妙洞陰之極尊在昔道氣
凝寂湛體無爲將欲啟廸玄功化生萬物先以東華
至真之氣化而生木公木公生於碧海之上芬靈之
墟以主陽和之氣理於東方亦號曰東王公焉又以
西華至妙之氣化而生金母金母生於神州伊川厥

30189　豔異編五十一卷　題〔明〕王世貞輯　明天啟讀書坊刻本　大連圖
書館

藝文類聚卷第一

唐太子率更令弘文館學士歐陽詢撰

天部上　天　日　月　星　雲　風

天

周易曰大哉乾元萬物資始乃統天雲行雨施品物流形大明終始六位時成時乘六龍以御天乾道變化各正性命　又曰立天之道曰陰與陽　又曰天行健　尚書曰乃命羲和欽若昊天　又曰皇天震怒命我文考蕭將天威　禮記曰天地之道博也厚也高也明也悠也久也日月星辰繫焉萬物覆焉　論語曰天何言哉四時行焉百物生焉　老子曰天得一以清　春秋繁露曰天有十端天地陰陽水土金木火人凡十端天亦喜怒之氣哀樂之心與人相副以類合之天人一也　爾雅曰穹蒼蒼天也　春為蒼天夏為昊天秋為旻天冬為上天　春秋元命苞曰天不足西北陽極於九故天周九九八十一萬里　渾天儀曰天如雞子天大地小天表裹有水地各乘氣而立載水而浮天轉如車轂之運　黃帝素問曰

30190　藝文類聚一百卷　（唐）歐陽詢撰　明嘉靖六年至七年（1527—1528）胡纘宗、陸采刻本（首冊目録序文抄補十六頁，卷七十三、八十一各抄補一頁，卷九十六至一百抄補五十一頁）　遼寧省圖書館

初學記卷第一

光祿大夫行右散騎常侍集賢院學士副知院事東海郡開國公徐堅等奉

勑

三吳徐守銘校刊

天部

天第一　　日第二　　月第三

星第四　　雲第五　　風第六

雷第七

〔天第一〕

〔叙事〕

河圖括地象云易有太極是生兩儀兩儀未分其氣混沌清濁既分伏者爲天假

30191　初學記三十卷　〔唐〕徐堅等輯　明萬曆十五年〔1587〕徐守銘

刻本　遼寧省圖書館

初學記卷第一

唐光禄大夫行右散騎常侍集賢院學士副知院事東海郡開國公徐堅等撰

明資善大夫都察院右都御史兼兵部右侍郎前太常寺卿更科給事中陳大科校

天部

天第一　　日第二　　月第三

星第四　　雲第五　　風第六

雷第七

天第一 叙事

河圖括地象云易有太極是生兩儀兩儀

未分其氣混沌清濁既分伏者爲天偃者爲地釋名

30192　初學記三十卷　（唐）徐堅等輯　明萬曆二十六年（1598）
刻本　大連圖書館

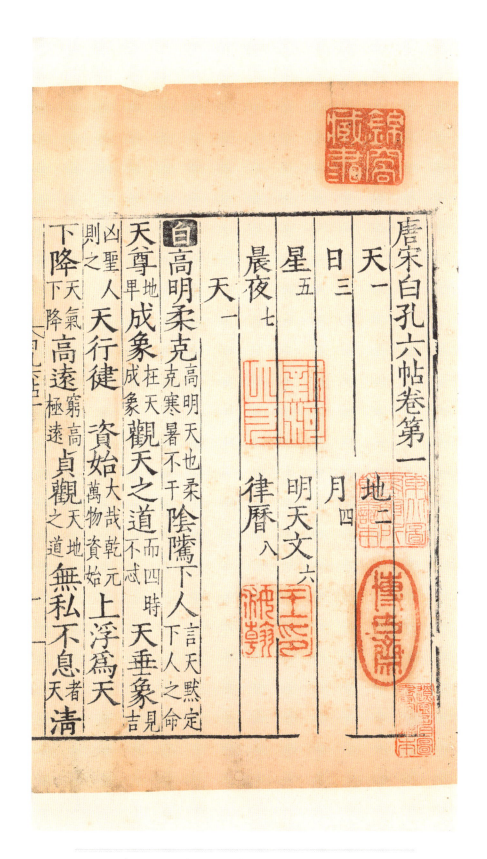

30193　唐宋白孔六帖一百卷目録二卷　（唐）白居易撰　（宋）孔

傳輯　明刻本　遼寧省圖書館

祖宗

聖學其書之大者有二曰太平

御覽曰資治通鑑通鑑載君臣治道之安危明天人應

證之休咎威福盛衰之本規模利害之端無一不備而

其書公傳於天下久矣太平

御覽備天地萬物之聖政教法度之原理亂興廢之由

道德性命之奧而獨以載籍繁夥無復善本隹隸守所

利多磨滅舛誤不可考叔獻每為三嘆焉洪惟

太宗皇帝為

百聖立絕學為萬世開太平為古今集斯文之大成

為天下括事理之至要四方既平偃文止戈救天下

30194　太平御覽一千卷目録十五卷　〔宋〕李昉等輯　明萬曆二年

（1574）周堂銅活字印本　大連圖書館

册府元龜卷第一

翰林學士承旨正奉大夫守工部尚書知制誥上

柱國隴西縣開國伯食邑七百戶賜紫金魚袋臣

王欽若等奉

勅纂

天部一

　　元氣

太素　太易　太初

太極　　太始

天部上

元氣

三五曆紀曰未有天地之時混沌狀如雞子溟涬

始牙濛莫切孔鴻胡孔切滋萌歲在攝提元氣肇始又曰輕

30195　册府元龜一千卷　〔宋〕王欽若等輯　明抄本　大連圖書館

册府元龜

帝王部

總序

昔雒出書九章聖人則之以爲世大法其初一日五

行一日水二日火三日木四日金五日土帝王之起

必承其王氣大古之世鴻荒朴畧不可得而詳焉庖

犧氏之王天下也繼天之統爲百王先實承木德以

册府元龜 帝王部 卷之一

淮南李嗣京系開

無極文翔鳳許正

章黃國琦較釋

30196　册府元龜一千卷　　（宋）王欽若等輯　明崇禎十五年（1642）

黃國琦刻本　大連圖書館

海錄碎事卷一 墨筆仿查田太史閣本 庚寅冬日蜕軒記

宋 翠嚴葉廷珪嗣忠 集著

明 入簎卓顯卿寓庸 校刻

天部上

天門

曾穹

蹀足循廣除瞬目矔曾穹 文選謝惠連詩

天闇

天闇決地垠開楊雄作甘泉賦

紫冥

發響九皋翰飛紫冥 北史

鍊石補天

30197　海錄碎事二十二卷　（宋）葉廷珪輯　明萬曆二十七年（1599）

刻本　大連圖書館

周子作太極圖

朱震進易說謂此圖傳自陳摶种放 穆脩胡仁仲以爲先生非

止爲种穆之學者此特其學之一師,非其至也及得誌文考之

則知果先生自作而非有所授於人 朱文公作濂溪遺文後序

周子以圖授二程

或曰太極圖周先生授二程先生者也今二程先生之所論

荅問獨未嘗及此圖何耶其應之曰二程先生雖不及此圖然

其說固多本之矣試嘗考之當自可見也 張南軒太極圖序

朱子論太極

太極只是天地萬物之理在天地則天地中有太極在萬物則

萬物中各有太極太極只是箇極好至善底道理人人有一太

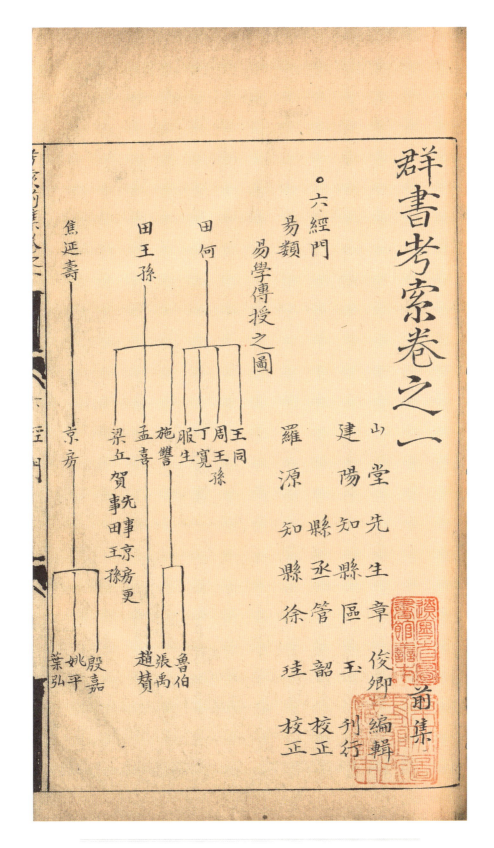

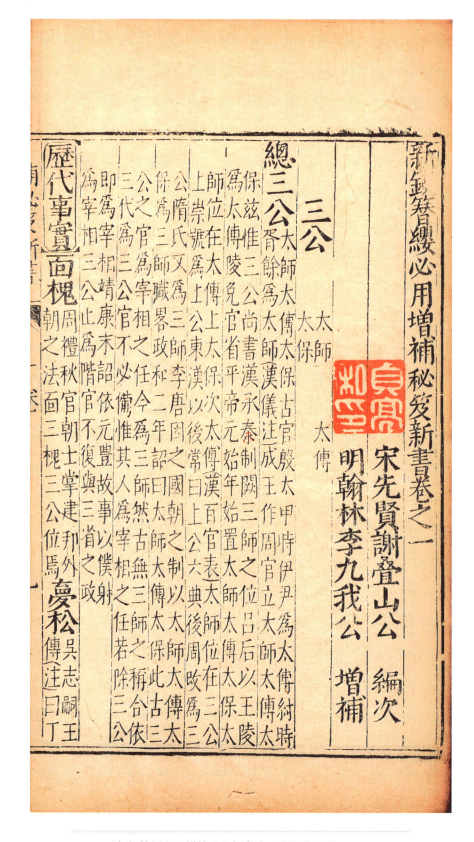

30200　新鍥簪纓必用增補秘笈新書十三卷別集三卷　〔明〕吳道
南撰　明萬曆三十六年〔1608〕刻本　大連圖書館

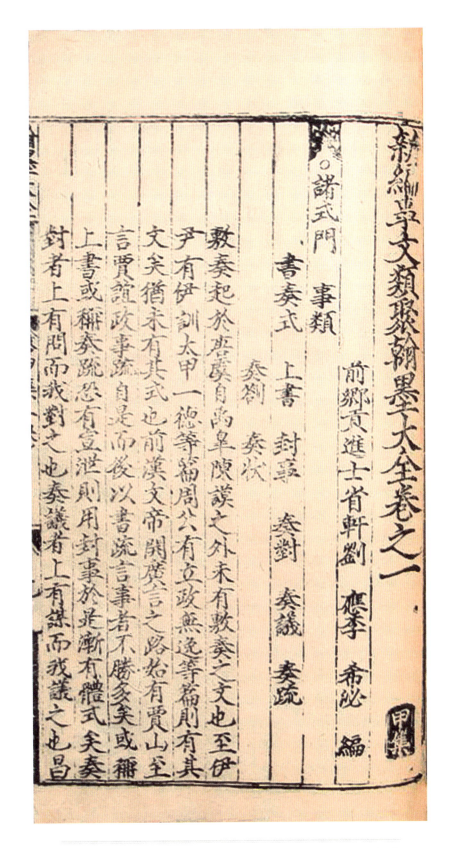

30201　新編事文類聚翰墨大全甲集十二卷乙集九卷丙集五卷丁
集五卷戊集五卷己集七卷庚集二十四卷辛集十卷壬集十二卷癸
集十一卷後甲集八卷後乙集三卷後丙集六卷後丁集八卷後戊集
九卷　〔元〕劉應李輯　明刻本　大連圖書館

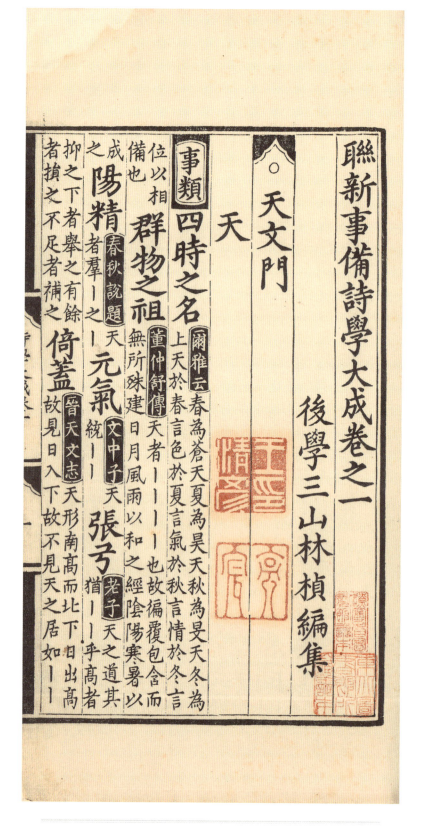

聯新事備詩學大成卷之一　　後學三山林楨編集

○天文門

天

事類

四時之名 〔爾雅云〕春為蒼天夏為昊天秋為旻天冬為上天於春言色於夏言氣於秋言情於冬言

群物之祖 〔董仲舒傳〕天者━━━也故徧覆包含而無所殊建日月風雨以和之經陰陽寒暑以

陽精 〔春秋説題〕天━━之━━━

　　　　〔文中子〕天統━━

元氣 〔老子〕天之道其━━乎高者抑之下者舉之有餘者損之不足者補之

倚蓋 〔晉天文志〕天形南高而北下日出高故見日入下故不見天之居如━━

位以相備也

成之者羣━之━━

張弓 猶━━平高者

原始祕書卷之一

明　涵虛子臞仙著

繡谷周廷㣲訂校梓

開闢造化門

元氣

伯陽父曰有物混成先天地生獨立而不改

周行而不殆可以爲天地毋未有天地之時

其氣混沌如鷄子溟涬始芽鴻濛滋萌太極

元氣函三爲一極中也元始也清輕者上爲

天濁重者下爲地沖和之氣爲人芒雜之氣

30203　**原始祕書十卷**　〔明〕朱權輯　明萬曆二十三年（1595）萬卷樓刻本

大連圖書館

楮記室卷第一

平田野老纂集

不肖孫潘蔓梓行

天部　恃令附

分周天躔度置閏月定四時成歲

天體至圓周圍三百六十五度四分度之一繞地在
旋常一日一周而過一度日躔天而少遲故日行一
日亦繞地‧周而在天爲不及一度積三百六十五
日九百四十分日之二百三十五而與天會是一歲
日行之數也月麗天而尤遲一日常不及天十三度
十九分度之七積二十九日九百四十分日之四百

名物類考卷之一

東郡耿隨朝著

天文

元氣輕清上浮爲天其色蒼玄其形穹窿其氣

灝澣春爲蒼天夏爲昊天秋爲旻天冬爲上

天東日變天南日炎天西日成天北日玄天

四方四隅并中央曰九天九天之際曰九垠

九天之外次曰九垓九天之門曰九閶曰九

關亦曰閶闔欲界色界無色界曰三界欲界

30205　名物類考四卷　（明）耿隨朝撰　明萬曆四十年（1612）刻本

大連圖書館

古今萬姓統譜卷之一

吳興　凌迪知稚哲　編

弟　凌述知稚明　校

上平聲

一東

東　平原徵音舜十友東不嘗之後

東富　州人中郎逕

唐東明　開元中爲

魯東明　涿鹿太守

朱東周　眉州人慶

東震　眉州人元

東　豐進士

30206　古今萬姓統譜一百四十卷歷代帝王姓系統譜六卷氏族博考十四卷　（明）凌迪知輯　明萬曆刻本　大連圖書館